LE
SANCTUAIRE INTÉRIEUR
DU CARMEL

LE
SANCTUAIRE INTÉRIEUR
DU CARMEL

PAR

PIERRE-MICHEL

DANS LA NOUVELLE MISSION D'ÉLIE

SACRIFICES ET PRIÈRES

LYON

IMPRIMERIE TYPOGRAPHIQUE ET LITHOGRAPHIQUE DE C. BONNAVIAT

Rue Sainte-Catherine, 13

—

1866

[illegible]

[illegible]

[illegible]

[illegible]

[illegible]

[illegible]

SACRIFICE PROVICTIMAL

En arrivant au pied de l'autel :

Au nom du Père et du Fils et du Saint-Esprit. *Amen.*

Nous voici sous la tente qu'il vous plaît d'habiter, ô Seigneur des seigneurs, ô Seigneur notre Dieu! Qui donc pourrait s'approcher de votre autel sans penser à la sainte et solennelle grandeur de votre présence?

Qu'avons-nous fait, ô Dieu tout-puissant, pour que vous nous permettiez l'entrée de vos parvis? Quels sont les pieds assez saints et quel est l'homme assez pur pour oser franchir le seuil de ce sanctuaire où l'Eternel réside? Que vous êtes loin, merveilleuse Maison de Jérusalem; quelle distance il y a de la

sainteté de ce lieu à celle que le roi-prophète célèbre en l'appliquant à la montagne de Sion! Qui
que vous soyez, qui venez dans cette demeure sainte,
souvenez-vous que celui que l'on y adore ne peut
être trompé par personne; le Saint des saints, qui
règne dans les cieux et sur le vaste ensemble des
mondes, est celui qui sonde les cœurs et les reins;
son nom est le Très-Haut, l'éternelle Puissance, le
Dieu des dieux, le Dieu fort!

Ne tremblons point devant sa majesté suprême;
il est deux vêtements sacrés sous la garantie desquels l'esprit, l'âme et le cœur peuvent, à toute
heure, se présenter devant lui; l'humble prière et
le vrai repentir lui sont toujours agréables; la confiance et l'amour le trouvent toujours propice;
l'hypocrisie, l'outrage et l'inconsciente prière ne
vont pas jusqu'à lui.

Seigneur, nous nous souvenons du très saint
Évangile; si tu nous a permis de dépasser la place
du pharisien, fais descendre dans nos cœurs et dans
nos âmes cette contrition sainte et ces larmes justi-
ficatives que ton Fils divin a glorifiées dès cette

terre, lorsque, parlant de ton saint Temple, il nous montra comment y fut justifié le publicain.

A MARIE.

Mère du plus doux et du plus saint qui fut jamais au royaume des cieux et au monde des humains, nous t'en supplions, implore avec nous cette grâce ineffable sans le secours de laquelle nous n'oserons jamais appeler pour nos cœurs et évoquer pour nos âmes le rithme pieux et la suave compassion dignes de cette mémorable histoire, dont les fulgurants souvenirs vont remettre de nouveau sous tes regards maternels, ces lugubres et déchirantes agonies aux innombrables tortures desquelles nous avons tous plus ou moins ajouté une cuisante douleur, une souffrance plus amère.

Mère toute miséricordieuse, conjurez avec nous le Maître de la vie et de la mort, celui qui est l'éternelle lumière et l'éternelle vérité, pour qu'il laisse tomber de son sein miséricordieux, au profond de notre conscience, un de ces rayons lumineux qui montrent au pécheur la honte réelle que doit faire naître en lui la juste et sévère connaissance de ses transgressions, ainsi que la hideuse défiguration de la similitude divine dans laquelle la bonté et l'amour de son Dieu l'ont créé! Nous avons appris, dans la divine révélation que nous a confiée le Seigneur, à mieux comprendre la détestation du péché, non-seulement pour les maux qu'il nous attire, mais bien plus encore à cause de l'injure qu'il fait à l'amour infini de celui qui a tant souffert pour nous soustraire à sa domination et à ses chaînes. Très sainte et très prudente Mère, nous ne voulons plus vivre de cette vie mixte qui s'éprend particulièrement des formes pénitentiaires; tout en confessant qu'elles sont insuffisantes, nous voulons attirer sur nous le véritable esprit de pénitence et divorcer entièrement avec cette crainte servile qui n'a en vue que les sévérités applicatives du châtiment.

Oh! Mère, dans ce temps où le mensonge domine, nous sentons que nous l'avons tant de fois préféré à la vérité qu'il nous est bien difficile de trouver par nous-mêmes la force qui nous est indispensable pour nous mettre sûrement à l'abri de ses innombrables attaques; nous le reconnaissons avec douleur, notre coupable imprévoyance a tellement augmenté nos ténèbres et le despotisme de notre ennemi que, sans la suprême lumière que nous vous supplions d'appeler sur nous, nous n'oserions nous confier certainement à la vérité, à la sincérité et à l'intégrité de cette confession qui doit nous obtenir de l'infinie miséricorde de notre Dieu une méritante et renouvelante réconciliation.

Nuages glorieux, parfums sacrés, qui environnez la partie sainte de ces parvis divins où règne l'Eternel, descendez maintenant et cachez-nous à celle dont la pureté sans tache ne doit pas entendre le honteux énoncé de nos ingratitudes et de nos transgressions. Anges des cieux, chantez-lui vos plus saints cantiques, tandis que, le cœur contrit et l'âme saintement repentante, nous allons, en face du ciel et de la terre, crier au Seigneur l'aveu solennel de nos tristes dérèglements et de nos ignominieux péchés.

CONFESSION.

Ah! Seigneur, quelle est la créature qui osera paraître devant vous avec la fatale présomption que sa pureté soutiendra le majestueux éclat de la vôtre? Il n'en est pas, parmi les enfants des hommes, qui puisse dire jamais : Je suis sans péché. Nous savons par le saint esprit des divines Ecritures que, dès l'origine des cieux, les anges que vous y avez créés n'ont point été trouvés stables, et l'impieuse défection l'a même emporté sur la sainteté dont vous les aviez gratifiés.

Adam profana son diadème édenal, et son ingratitude brisa dans sa main le sceptre royal que vous lui aviez donné pour imposer l'ordre de sa vice-royauté à toute la nature! Moïse reçut de vous la législation la plus sainte qui fut au monde; il s'entretint avec vous, comme un ami s'entretient avec son ami, et néanmoins il confessa, sur les hauteurs du Nébo, qu'il n'était pas digne d'entrer dans la terre promise; vous aimâtes David, votre amour l'éleva à la plus éclatante royauté qui fut jamais, et David n'est cependant pas trouvé digne par vous de vous élever une maison de prière; Salomon a resplendi de gloire et de sagesse; vous lui aviez promis que vous lui seriez père et qu'il vous serait fils, ce qui n'empêche pas votre divine Ecriture de ranger son nom parmi les noms des idolâtres!

Seigneur, Seigneur, ayez pitié de nous, car nous n'avons pas donné à nos frères, ni à leur vivante descendance, les sublimes témoignages de ces éminentes vertus qui devaient, aux regards de vos augustes compassions, contre-balancer les péchés de nos pères. Hélas! hélas! Seigneur, en raison de l'exemplaire héritage de ceux qui nous ont précédés, et en vue des innombrables miséricordes par la constance desquelles nous n'avons cessé d'être prévenus, nous confessons amèrement que nos dérèglements, nos transgressions et nos désordres dépassent infiniment l'ingratitude et la malice des leurs! Nous chrétiens, qui portons sur notre front, avec le chiffre du Rédempteur, la vivante auréole de notre miséricordieuse rédemption; nous qui mangeons chaque jour le pain des anges et qui buvons la coupe sacrée de l'alliance du salut éternel, qui comptera le nombre de nos contradictions avec ce que nous impose cette communion de votre vie divine!

Ah! pensée humiliante et terrible, non-seulement nous sommes chrétiens, mais vous avez paru, aux regards de plusieurs, oublier tous nos frères pour vous approcher plus visiblement de nous, en nous confiant comme un nouveau dépôt à faire valoir, au nom de toute l'humanité, de toute la terre et de tous les mondes, cette œuvre de science, de sagesse, de grâce et de régénération que vous avez nommée si souvent vous-mêmes votre œuvre de miséricorde!

Ah! pardon, pardon; pardon, Seigneur! Nous vous répétons, le front courbé et l'âme contrite : Ayez pitié de nous, Seigneur; pardonnez à votre peuple; remettez-nous nos ignominieuses dettes. Grâce! grâce! Pardonnez-nous et réconciliez-nous avec vous. — Réponse générale : *Amen, amen, amen.*

ABSOLUTION.

Au nom du Dieu vivant et éternel, nous nous levons pour vous affirmer la divine octroyance de votre supplique. Le Dieu de paix, qui nous a entendus, est également le Dieu de pardon. Enonciateurs de sa miséricorde suprême, nous avons l'auguste consolation de vous dire : Réjouissez-vous dans votre cœur et dans votre âme, nous sommes tous pardonnés et réconciliés. Au nom du Père et du Fils et du Saint-Esprit. *Amen.*

ACTION DE GRACE.

Levons-nous tous, et réjouissons-nous devant la bonté ineffable de notre Dieu! Célébrons, d'un même cœur et d'un même esprit, la grâce du Seigneur, qui nous prévient et qui nous attire! Où trouverons-nous jamais une miséricorde semblable à la sienne? Qui est capable de nous aimer comme il nous aime? Que notre action de grâce prenne la forme d'un cantique, et que notre reconnaissance ne soit pas dépassée, même dans les cieux! Nous nous sommes agenouillés dans la confusion et dans la honte; nos fronts étaient courbés sous la pesanteur du cercle de nos péchés, mais la pitié de l'Eternel s'est rendue à nos larmes; nous avons crié grâce, et les mérites du Dieu rédempteur, en auréoles de salut, sont descendus sur nous.

L'écharde du péché assombrissait notre âme, mais la puissance du sang de notre rédemption l'a guérie, consolée et vivifiée. Le Seigneur est grand et ne pardonne pas à demi. Nous sommes entrés dans le sanctuaire du Très-Haut avec nos vêtements d'esclaves, le Tout-Puissant a reçu nos humbles prières, et, en nous réconciliant à lui, il nous a donné la robe blanche de ses saints et le diadème de ceux qui ont été lavés par lui dans le sang de l'Agneau divin! Ne craignons plus de nous présenter devant notre Dieu; nos saintes résolutions nous tiendront lieu de palmes, et la pureté de nos désirs sera devant lui comme un pur encens.

Qu'il est bon, le Seigneur; que ses demeures sont aimables! Bénis soient ceux qui s'y rassemblent; paix et bénédiction à ceux qui approchent ses tabernacles. *Amen. Alleluia, alleluia, alleluia.*

ADORATION EUCHARISTIQUE.

Salut, trois fois salut à l'adorable, à la vivante Eucharistie! Que le bienfait éternel qu'elle nous apporte soit par nous sans cesse adoré. Gloire et bénédiction à l'amour incommensurable de celui qui vit ainsi caché au milieu de nous, dans le saint et divinisant monument de nos autels!

Venez, archanges sacrés, géants d'ineffable clarté et pontifes souverains de l'incréée lumière; venez, vous avez dans les cieux le trône étincelant du Dieu qui vous fit être; ici, sur cet autel, il nous est donné, à nous, d'adorer son amour; venez, grands patriarches, resplendissants vieillards que chante notre grande apocalypse!

Venez, ô radieux prophètes qui tonnâtes les voyantes dictions de la parole divine, tout près de nous, sous nos regards mortels, nous pouvons vous dire : Voici celui qui parle aux cieux, aux hommes, aux saints et aux anges; voici le Verbe Eternel qui ne vit parmi nous que pour nous entretenir de son tout-puissant et invincible amour! Venez, apôtres saints, confesseurs, prédicants et martyrs, voici votre lumière, votre joie, votre allégresse, votre couronne et votre gloire; adorez-le, sur ce modeste autel; il attend notre prière et il appelle notre amour! Venez, vous surtout, ô toute belle, ô toute ravissante Marie, c'est avec vous que nous célèbrerons, que nous bénirons, que nous adorerons et que nous apprendrons à répondre, par une fidélité constante, par une foi sans bornes, par un amour sans limites, à son suprême, attractif, fécond et glorifiant amour. *Amen, amen. Alleluia, alleluia.*

OFFRANDE DU PAIN.

Père très saint, nos mains sont tendues vers vous. Nous comprenons l'infimité de notre offrande; ce pain que nous vous présentons est ici, ô Seigneur, la symbolisation de nos corps, que nous vous conjurons d'agréer, comme des temples consacrés à votre gloire; le nom de votre divin Fils est gravé dans chacun de nos cœurs, et le nom très saint de notre immaculée Mère y est aimé et béni comme vous y êtes vous-même adoré. Que ce pain mortel nous devienne une nouvelle source de vie pour vous appartenir plus saintement, et vous glorifier sans cesse divinement. Au nom du Père et du Fils et du Saint-Esprit, *Amen.*

OFFRANDE DE LA COUPE.

Dieu vivant et éternel, Jésus, votre divin Fils, a consommé pour nous la coupe de fiel et de perdition. Notre très pure, très sainte et très immaculée Mère a consommé à votre gloire, et pour la gloire du sauvant ministère de notre rédemption, la coupe la plus amère et la plus désolante qui fut jamais offerte ou présentée au cœur d'une mère. Agréez celle-ci; bénissez-la et donnez-lui la puissance qu'en y buvant tous, nous y trouvions un aliment pour fortifier notre reconnaissance et notre piété, afin qu'en vénérant et bénissant la Mère de Notre Seigneur Jésus-Christ, nos adorations, pour lui et pour vous, soient plus entières, plus pures et plus saintes. Au nom du Père et du Fils et du Saint-Esprit. *Amen.*

PROFESSION DE FOI.

Je crois, Seigneur, que celle que vos plus grands

saints ont nommée votre plus pure création, le prodige de tous vos prodiges, est immaculée, pure et sans tache.

Je crois que vous seul connaissez parfaitement le jour, la raison et la vraie sainteté de sa création.

Je crois que vous avez trouvé en elle, que vous y trouvez, et que vous y trouverez toujours, un amour et une adoration qui surpasseront tout ce qui peut vous être offert par l'ensemble des anges et par l'universalité des saints.

Je crois, conformément à ce qu'il a plu à votre miséricorde de nous faire connaître, que Marie, Shahaël dans les cieux, fut le favorable et glorieux moyen que choisit la sagesse incréée de votre amour pour créer toute l'harmonie angélique à laquelle nous avons appartenu avant de quitter ces sommets de gloire éternelle, où nos frères fidèles sont restés à jamais.

Je crois que celle que vous avez aimée avant toute créature, et que vous avez créée le miroir réflecteur de votre infinie sagesse, est réellement et personnellement cette sagesse créée dont parlent nos livres sacrés.

Je crois que l'amour dans lequel vous l'avez créée l'a toujours souverainement attachée aux moindres intérêts qui pouvaient se rapporter au bonheur de toutes vos chères créatures:

Je crois que, sans hésiter, cette magnifique et admirable réfraction de vos perfections les plus aimantes, les plus aimables et les plus miséricordieuses, est venue accomplir sur la terre ce qu'elle eût accompli dans les délices du ciel et dans la douce paix de l'Eden, en union avec ce que votre Verbe s'était proposé d'y accomplir selon la sainte ou non sainte stabilité de ce généreux libre arbitre dans lequel nous avons tous été créés.

Je crois que les paroles de l'archange Gabriel, adressées à Marie, épouse virginale de saint Joseph, consacré d'avance lui-même à la virginité, ne sont que le rappel du fait suprême accompli déjà divinement dans les cieux.

Je crois, Seigneur, que le temps est venu de

glorifier votre immaculée Mère selon la hauteur des paroles divines de notre saint Evangile.

Je crois, et je confesse ici solennellement, que telle est votre volonté. J'appuie ma foi et sa salutaire confession sur votre instante ordonnance qui veut faire revivre, sous les yeux de notre piété, de notre reconnaissance et de notre amour, ce texte aux lettres vivantes et à l'esprit éternel; l'envoyé divin dit à Marie : « La vertu du Très-Haut vous couvrira de son ombre, le Saint-Esprit opérera en vous, et le Saint qui naîtra de vous sera appelé le Fils de Dieu! »

Je le dis à la face du ciel et de la terre, je le répète devant vous, ô Seigneur des seigneurs, ainsi que devant toutes les créatures : Marie est la plus auguste merveille de toutes vos créations; elle est, du jour où elle fut créée, l'objet de votre ravissante prédilection; le Saint-Esprit opéra en elle comme dans le tabernacle extérieur de ses vivantes et intimes opérations; elle est la Mère du Verbe Eternel, la Mère du Dieu fait homme, de Jésus-Christ l'homme Dieu; elle est pour le ciel, pour les cieux, pour les mondes, pour toutes les créatures, dès qu'elle sortit de votre volonté créatrice, « *Imma-culée, pure et sans tache! Amen. Alleluia, alleluia, alleluia.*

PRÉPARATION

A LA CONSÉCRATION DÉPRÉCATOIRE DE CE SACRIFICE.

Maintenant, ô Esprit sacré des poésies divines, fais toucher mon âme où toucha celle de Moïse quand il chanta, devant les eaux refermées de la mer Rouge, l'hymne si solennellement enthousiaste de la délivrance d'Israël. Mets en moi les tons mâles qu'exige le récit du plus terrifiant héroïsme; mets sur mes lèvres, et dans ma voix, les notes provoquantes qui font vibrer, même dans le livre des juges, le chevaleresque et retentissant cantique de Débora; donne à mon cœur le rithme de cette sainte tristesse incarnée si délicieusement dans les maternelles paroles de Noémi; fais-moi pieux et filial comme Ruth; donne à mon âme les reconnaissantes fiertés par l'expression desquelles la mère de Samuel fit pâlir le front présomptueux du grand-prêtre Héli ; éclaire en moi toutes mes hésitations et mes défiances ; souffle ardemment sur mon front cette royale étincelle avec laquelle la reine Esther fondit tout à coup le cœur d'Assuérus dans l'orbe des plus chers intérêts du peuple qu'elle voulait sauver ! Mets à ma merci cette entraînante puissance de la justice et de la volonté avec laquelle l'intrépide Mardochée triompha d'Aman.

Que mon Verbe s'élève jusqu'aux désolations par lesquelles Judith fit rentrer, dans le cœur des anciens d'Israël, le courage et l'intime confiance dans le Dieu de leurs pères ! O suprême Esprit, ô voyance ineffable de toutes les saintes et grandes choses ; il me faudrait, surtout en ce moment, la lyre de Tobie, le sistre de Job et la harpe de David ! Anges de Tilly, princes radieux qui descendîtes tant de fois éclairer de votre *quis ut Deus* cette sainte vallée, ouvrez-moi les divines archives confiées à la garde de votre respect, de votre admiration et de votre archangélique fidélité. Seigneur, ouvrez-nous vos archives divines, et faites-nous assister une fois de plus aux prophétiques précédences de cette incarnation qui devait donner, aux humains et à leur terre, l'indispensable Rédempteur, le Sauveur divin!

Merci, mon Dieu! les nuages sont fondus, les voiles sont déchirés, votre clarté souveraine l'emporte sur les ombres! Je puis dire enfin : Shahaël est vêtue d'une nouvelle magnificence, et sous ce diadème, dont la splendeur efface tous les diadèmes créés, l'œil éclairé des fils de la lumière remarque, toujours en pâlissant, un nuage qui correspond à la tristesse, si l'intrépide Michaël ne l'avait désignée à tous les enfants de Dieu sous le nom, si mystérieux pour eux, d'intime compassion. Les fêtes éternelles passent d'éclats suprêmes en radieux éclats; les chants des trématiques dépassent les harmonieuses hauteurs qu'à chaque fois ils atteignent; les monts incandescents sont couverts, chaque jour, d'inénarrabilités plus ravissantes et plus suaves. Shahaël n'y est point étrangère, et, néanmoins, si les larmes avaient été connues des rois de l'éternel bonheur, pas un parmi eux n'eût pu s'empêcher de dire : Shahaël a pleuré! L'hosanna lumineux que les célébrants entonnent lorsque le Tout-Puissant fait connaître quelques-uns de ses glorieux conseils ; l'*alleluia* que chantent les chérubins à l'heure où les voxataires célèbrent une création nouvelle ou proclament quelques nouveaux décrets ; l'*amen*, cet hymne angélico-divin qui éveille et parfume tous les échos sacrés, toutes les solennités ; toutes ces intraduisibles merveilles semblent crier à Shahaël des noms et des faits qui, sans altérer la loi fondamentale de son bonheur, en rident la surface. Le ciel, les cieux ont partout des places vides ; sur la voie royale du Créateur, sa compassion regarde presque sans cesse ces innombrables diadèmes que ses plus chers fuyards ont laissés derrière eux ! Partout, en toute légion, en tout chœur, en toute cohorte, en tout tabernacle et en toute assemblée, les étincelants fidèles chantent la gloire de celui qui les créa ; ils proclament et célèbrent sa divine justice, sa toute-puissance, sa gloire infinie, la force de son bras. Shahaël, aux donataires et aux magnifiques, ne fait plus entendre, dans ses vivants cantiques, que ces suppliantes paroles : « O éternel Dieu! reviens à eux; abaisse mon trône; prends de cette gloire dont tu m'inondes et fais, en eux, qu'elle produise le repentir! O Dieu immuable en ta toute-puissance, écoute ma prière, avance leur salut, hâte leur délivrance. »

Je t'aime, ô Très-Haut; ton Verbe anime en moi ces compassions irrésistibles; j'adore ta justice, mais je ne puis cesser d'implorer pour eux ta relevante miséricorde!

Shahaël s'abyme dans l'orbe immaculé de ses réflexions divines, puis on l'entend reprendre avec une force et un accent puisés dans une de ces compassions nouvelles : « Qu'il me soit fait, sans y soumettre ta propre gloire; ne suis-je pas, ô Seigneur des seigneurs, la Fille de tes desseins, l'agréée de ta miséricorde, la servante de ton amour !!! »

L'Eden fleurit sous la douce chaleur de ce baiser sacré dans lequel retentit, d'un pôle à l'autre de l'imbornable espace, le pardon du Créateur, pardon que l'Ecriture divine traduit ainsi, sans nommer l'amour, la justice et la miséricorde : Faisons l'Homme !

En effet, la terre paradisiaque est parée d'une richesse, d'une magnificence qui témoignent de l'importance de ses hôtes. Ce n'est pas le ciel, il est vrai ; mais si celui qui a conçu cette délicieuse merveille s'y montrait comme aux cieux et y dévoilait, comme il dévoile aux enfants du ciel, le tabernacle de ses créatrices complaisances, la créature y jouirait de tant d'ineffabilités proportionnées à l'état limitatif qu'elle vient de recevoir, qu'elle finirait peut-être par s'écrier comme l'apôtre au Thabor : « *Nous sommes bien ici, fixons-y notre tente !* »

Une gloire nouvelle, un prodige nouveau éclatent dans cette terre virginale ! Les ombres protectrices qui descendent, chaque soir, apporter au ravissant Eden le grand voile protecteur sous la bienfaisance duquel l'onde apaise son murmure, l'air ses frémissements sonores, les oiseaux leurs retentissants concerts, et les grands animaux leurs joies vibrantes et soudaines ; la nuit, enfin, qui cachait au nouveau roi la face de son royal Maître, pour que la sienne, brillant à son insu, fût la seconde bénie, chaque matin, par les premiers regards et la première prière de toute la nature, cette nuit, sainte et mystérieuse, venait de remonter vers sa source sacrée !

Adam, le premier homme, le type manifestatif, l'essence et la génération de cette forme nouvelle de l'ange dans l'humanité ; Adam, tout entouré d'une nouvelle phosphorescence ; Adam, de la clarté sur la tête, un suave parfum sur les lèvres et un feu tout nouveau dans les yeux ; Adam, en qui toute la nature, à son réveil, avait cru voir quelque chose de plus céleste, de plus royal et de plus divin ; Adam se réveilla ! Son cœur battait avec une force qui l'étonna lui-même, sa poitrine s'élargit comme pour boire, dans l'extase, aux sources éternelles que lui ouvrait souvent celui qui l'aimait autant dans sa vie humaine que quand il était ange ; ses flancs s'allongèrent religieusement comme à l'heure où, l'enlevant dans l'espace, la grâce du Très-Haut lui ouvrait les portes éclairées des mondes habités par ses frères descendus, comme lui, du domaine angélique; ses bras s'élevèrent au-dessus de sa tête, il cria : Seigneur. Ses yeux s'ouvrirent, et toute la beauté de l'Eden s'effaça devant celle qu'à l'instant même il appela le parfum de sa vie, la joie de ses jours, l'allégresse de son âme, le don de son Dieu, la chair de sa chair, ses délices terrestres, lui et elle, eux et Dieu!

Les saintes principautés, les solennelles puissances, les ravissantes dominations, les princes de la science, les glorieux chérubins, les trônes adorants, les provocateurs voxataires, les ardents séraphins, les vertus souveraines, les étincelants donataires, les stellants magnifiques, les archanges conseillers, les triarches transmetteurs, les princes des Tréma, les rois Adonaïtes, le ciel, les cieux chantaient, dans un ravissement indicible, le radieux *alleluia* que Shahaël venait d'adresser, comme une action de grâce, au Tout-Puissant, à l'Eternel. Ce solennel *alleluia* précéda ces ineffables paroles : O Maître souverain des choses éternelles, je sais maintenant comment naîtra ton Fils! Sa croix sera les bras de son aimante Mère; mais, ô Grandeur éternelle, comment consentira-t-il à descendre des immuables hauteurs de sa divinité pour revêtir un corps qui doit le soumettre alors à l'abaissante servitude des dégénérescences de ses créatures? Les chants des fils du ciel s'arrêtèrent, et, au milieu de ce suprême et adorant silence, les anges et les archanges se voilèrent dans la radieuse incandescence de leur étincelante lumière! Ce fut alors que retentirent, d'un pôle à l'autre des cieux, ces tristes et héroïques paroles: Il n'est rien qui puisse arrêter le consentement de la Mère, mais la fille humble, adorante et soumise ne peut s'empêcher de crier grâce pour son Fils!

Un jour, les heures matinales avaient paru à l'Eden descendre plus riches et plus parées des magnificences divines; l'arbre de la science du bien et du mal semblait, pour la première fois, réfléchir dans la beauté et l'éclatante couleur de ses fruits, ce qu'il y avait, en fruits et en fleurs, de plus magnifique en Eden; l'air n'avait point encore paru si balsamique; les ruisseaux, avec leurs ondes cristallines, roulaient mélodieusement une infinité de dilatantes senteurs; la voix d'Adam avait eu des notes si hautes dans sa prière; les bêlements de Doux avaient eu quelque chose qui tenait de l'humain; Pèhe, sur ses huit tridents palmés et flexibles qui donnaient à sa marche ordinaire une si majestueuse hauteur, avait laissé, sur la longue voie qu'il venait de parcourir, une embaumante poussière d'émeraude, de topaze, d'opale et de rubis s'échappant à flots de sa resplendissante cuirasse; l'eau du grand sapiendaire pétillait en prismant les tons bleus et dorés de la voûte céleste et du grand astre qui l'éclaire; Eve avait souri à son royal époux, comme on sourit à sa plus riche et à sa plus glorieuse conquête. Tout à coup, une nuée sombre s'étendit sur l'oasis divin; le vent, jusque-là si harmonieux et si doux, devint brutal et sauvage; il y eut des cris rauques, des bruits stridents au jardin d'Eden! Adam et Eve se cachaient l'un à l'autre, et on lisait dans leurs pensées qu'ils cherchaient à se cacher à Dieu. Les cieux parurent troublés et l'ordre des cantiques de l'armée céleste prit des tons que, jusque-là, l'allégresse angélique ne devait point connaître. Autour de Shahaël on ne remarquait plus les ravissantes splendeurs du nimbe de ses droits; elle regardait le mont Adonaïque sur lequel les grands archanges célèbrent en tout temps les innombrables créations du Dieu qui les créa; une voix forte, comme tout ce qui est fort dans la force éternelle, prononça ces paroles que Job un jour devait écrire :

« L'Eternel a trouvé du dérèglement jusque dans les anges, et ceux qui ont été établis dans un état de justice et de sainteté n'ont point été trouvés stables! »

Les lumières célestes s'éteignirent, les portes de l'Eden se fermèrent! Un fugitif et sa compagne marchaient l'un en avant, l'autre en arrière; ils questionnaient en tremblant le moindre buisson, la moindre crique et jusqu'à l'ombre avançante des arbres; leurs pieds saignaient, leurs yeux pleuraient des larmes; la femme était pâle, ses joues amaigries, sa taille déformée; elle regardait souvent son malheureux compagnon de voyage; elle essayait de marcher plus vite; elle pleurait davantage et souvent, sachant qu'il avait soif; elle dominait sa faiblesse pour lui cueillir un fruit qu'elle goûtait toujours la première avant de le lui offrir; elle soupirait en le lui offrant, et elle donnait un nouvel essort à ses larmes quand son offrande avait été agréée! Tout à coup d'affreuses douleurs saisirent la pauvre femme, elle voulut d'abord étouffer ses cris, mais ses flancs tourmentés, tout son être en désordre, ne lui permirent plus de se tenir debout, ni de taire sa souffrance. Adam ramassa une forte gerbe de grandes herbes fines et séchées, il la plaça sous sa chère et malheureuse victime; puis, plus pâle que jamais, la sueur aux mains, au front et au visage, il tomba à genoux; trois fois il cria grâce! Eve se souvint de ces paroles terribles : « Vous mourrez de mort! »

Alors, abandonnée à la crainte, aux déchirements qui la torturaient, elle apprit, la première, aux échos de la terre, ce que devait coûter à une mère la naissance d'un enfant!... L'ange, dont le *quis ut Deus* fit tomber des cieux très hauts l'insolent orgueil de ceux qui prétendaient s'être créés eux-mêmes une volonté sainte, des droits plus justes et des fins plus parfaites que ne l'avait osé faire leur Créateur, toucha de son souffle éthéré la pauvre mère épuisée et pantelante; il fit descendre dans son cœur ces paroles consolatrices et forti-fiantes : « L'ange de ténèbres t'a trompée, il t'a prise avec Adam pour servir le triomphe de sa haine. La fille du Très-Haut, la pure et ravissante Shahaël vient de pleurer sur ta souffrance; elle en a pris la mesure devant son Créateur; elle l'a con-juré d'en réduire la première et la seconde partie ; elle a juré, dans l'amour qui fait sa gloire, qu'elle consentirait à souffrir en elle seule tout ce que doivent souffrir toutes celles qui passeront sur cette terre en renouvelant leur volontaire servitude à l'œuvre du mal. Ecoute, ô pauvre mais très chère créature, l'Eternel lui a montré qu'il fallait qu'elle devînt mère de son Verbe incréé! Les crimes an-géliques, les crimes de l'Eden, l'innombrable répé-tition et l'ingrate adjonction à tous ces crimes par ton innombrable descendance pèseront sur ce Fils divin, sur ce Juste entre les justes, sur ce Saint dont nulle sainteté n'est digne d'approcher ! » Eve serra son nouveau-né contre son sein ; elle essaya de crier grâce. L'archange continua : « Shahaël a dit : Qu'il en soit fait ainsi ; qu'il soit mon fils, que je sois sa mère ! A nous désormais le fiel et l'absinthe ! »

Et lui, balbutia Eve en cherchant de son regard atône les traits si désolés d'Adam, et lui ? Elle fit encore un effort suprême dans lequel elle ajouta : Et eux ? L'archange reprit : « Shahaël veut être tout à la fois votre sœur et votre mère, son Fils sera le rachat de tous, et elle, étant la mère du Rédempteur, sera, au milieu des douleurs de la rédemption, la mère de tous les rachetés ! » Grâce, put crier la pauvre Eve. *Alleluia*, gloire à Dieu ! dit en remontant au ciel l'ange de la consolation.

Aussitôt qu'il fut rentré dans les cieux, le grand triarche reprit son nimbe trématique, il adora la volonté ineffable de son Créateur, puis, s'approchant des royales incandescences du trône de Shahaël, il lut au disque étincelant de son auguste auréole : *Mare, Marie, Myrrhe.* Glorifiez le Seigneur, lui dit celle que le Tout-Puissant avait dès le commencement couvert de son ombre; chantez sa gloire à tous les fils du ciel et à toutes les principautés célestes : l'Eternel m'a tout donné en splendeurs et en délices, ses compassions suprêmes ont animé en moi la même réfraction que ne cesse d'animer sa grâce et les dilectantes fécondités de son amour. Tout ce qui le glorifiera, sous quelque forme que ce puisse être, sera en tout et partout ma plus grande gloire; tout ce qu'il m'a donné peut m'être repris sans que j'en conçoive aucun murmure; mon ciel, mon plus beau ciel, sera l'inexprimable bonheur de l'aimer avant moi-même, et d'aimer pour lui, ainsi que pour l'amour dans lequel il les a créées, ses intelligentes et aimées créatures. Je serai les larmes qui appelleront sa pitié, les pleurs qui attireront son pardon, la prière qui violentera sa miséricorde; en un mot, traduisant au sein de la gloire ce que Job devait dire un jour au fort de sa souffrance, j'appartiens à mon Dieu, et je bénis d'avance tout ce qui appartiendra à l'auguste et éternelle justice de sa volonté!

Depuis ce jour, l'Eternel eut une extrême compassion du malheur d'Eve, et il promit de ne point maudire, dans le fruit qu'elle portait, la part féconde de la sanction d'Adam... Sathan fut condamné à ne pouvoir revêtir que les mirages terrestres au milieu desquels néanmoins se dessinerait toujours le signe de sa jalousie, de sa haine et de son orgueilleux anathème. Chaque fois que se renouvelait le jour et la nuit de la terre, l'ennemi de l'ange incarné dans l'humanité était contraint de paraître au tribunal de l'éternelle justice, et d'inscrire lui-même, sur l'incommensurable autel de la vie séparée de Dieu, chaque désordre, chaque crime, chaque révolte et chaque mensonge; ce fut là l'unique corporéité assignée aux méchants esprits, persistant avec lui dans la funeste et anathématique génération de son orgueil; et ce fut là encore l'ordre de la loi manifestative de ses affinités reconnues et servies par l'impureté et l'injustice des hommes; ce fut aussi la chaîne la plus dure et la plus humiliante de sa répression.

Les enfants de Dieu, qui entourent nuit et jour

le trône de l'éternelle justice, assistaient et assistent encore aujourd'hui, comme ils y assisteront jusqu'à sa complète reddition, à son indispensable et réprimante confession. Ce qui pèse le plus sur lui et tourmente davantage ses infernales négations, c'est l'auguste présence de Shahaël, sous le nom de Marie, et la pompe solennelle de toutes. les amertumes et de toutes les douleurs que chaque désordre de la vie humaine ajoute à la suprême et généreuse acceptation de sa réconciliante maternité. La mort d'Abel et celle de Thénascana, tué par Lamech dans un moment de colère, les innombrables horreurs, les incitables monstruosités qui provoquèrent le déluge, les prévarications des Noémites, les turpitudes des profanateurs de l'alliance que le Seigneur contracta avec Abraham, les crimes sans nombre de la race d'Israël; ces innombrables assassinats, ces meurtres qui chaque jour, depuis la déchéance d'Adam, ont abreuvé la terre de sang humain et angoissé ses échos à force de répéter les cris, les gémissements, les imprécations, les blasphèmes et les râles des victimes

5

humaines, tout cela passait par le verbe de Sathan, qui s'en glorifiait avec une rage tourmentée, voyant que celle qui l'entendait et qui devait de son sein si pur fournir l'incompréhensible victime, seule capable de purifier l'humanité, répétait après chaque lugubre exposé de ces mortelles flétrissures: Il aime en Dieu, et l'amour qu'il m'a donné pour eux ne peut que grandir en raison même de la profondeur de leur malheur !

Les temps étaient arrivés ! Sathan n'avait jamais mis tant d'altiérisme, ni tant d'impudence dans ses aveux forcés, ainsi que dans les haineuses accusations dont il les faisait suivre. L'amère et poignante douleur des hommes vertueux qui avaient consacré leur vie au service de la justice et de la vérité, la désolation des prophètes, leurs fréquents découragements, leurs supplices et leur mort lui servirent à soutenir, par une affirmation rationnelle et terrible, la complète perversité de la race humaine et la sanglante inutilité de la rédemption. Les glorieux fils de la cité divine s'étaient cachés dans les incandescences de leur gloire, les harmonies célestes s'étaient éteintes tout à coup, les grands disques des trémas suprêmes avaient subitement voilé leur clarté. Sathan s'effraya un instant de lui-même; il oublia la chaîne et le ver rongeur de sa répression; il se drapa dans une nouvelle audace : Shahaël, s'écria-t-il; puis, comme si ce nom eût déchiré son verbe, il reprit vivement : « Etrange mystère, jette au sein de l'oubli ce dévoûment dont s'est mille fois rendue indigne cette espèce humaine qui me fait honte à moi-même; la gloire du Très-Haut, la puissance du fort ne peuvent se grandir qu'en l'abandonnant au plus sévère et au plus profond mépris! » Sathan se tut; il appela sur lui la loi effective de ses ténèbres; il était fier. Néanmoins, en regardant l'orbe radieux qui lui cachait Shahaël, il avait peur et il tremblait. L'orbe étincelant, qui semblait être la porte sainte du tabernacle où siégeait celle dans l'amour si pur de laquelle opérait le Saint-Esprit, se brisa comme se brise un nuage! Shahaël, vêtue comme la fille des mortels et portant pour toute auréole au-dessus de sa tête le nom de Marie, confondit une fois de plus la haine de Sathan par ces sublimes paroles : « Je serai la mère du véritable amour! Le fruit de mon sein détruira la crainte, née de l'ingratitude et de la transgression. Celui qui naîtra de moi donnera à ceux chez lesquels je vais descendre la science qui élève, qui éclaire et qui grandit. Là où le doute régnait, va naître l'heureuse certitude; les ténèbres vont fuir devant l'éclatante lumière que je vais précéder, l'espérance bénie s'assiéra librement au foyer de ceux qui aimeront, la justice et la miséricorde auront des tabernacles au milieu des humains! »

Les cieux s'abaissèrent et la terre s'éleva sans que Sathan pût savoir d'où venait ce prodige. Deux timides vieillards priaient humblement sous le toit que leurs vertus et leur piété n'avaient cessé de consacrer à celui qu'ils nommaient, en s'inclinant, le Dieu de leurs pères. Nul autre que Dieu et celle qui venait de parler n'entendaient la plus suppliante partie de leur prière; mais les anges, les cieux, Sathan et l'enfer entendirent cette réponse que leur adressa celle qui n'avait jamais cessé d'être le ravissement du ciel et la constante amie des mortels : « Je vais à vous qui me désirez si ardemment, dit-elle; l'heure est saintement obtenue; ma venue au milieu de vous vous assurera de l'ouverture sacrée du livre de vie et de la plus puissante alliance qu'il soit possible au Très-Haut d'offrir à ses créatures. Avec moi vont descendre tous les prévenants parfums de la vérité. Je sais que je vais à vous pour de grandes et terribles souffrances; mais je sais également que du ferment de mes maux sortira la solennelle extinction de toutes vos douleurs. Je sais que votre terre est appelée la vallée des larmes; mais mon sein en fournira qui anéantiront tous vos pleurs. En entrant chez vous, j'ouvre la voie du plus effrayant des sacrifices; mais du sang même de la victime, que j'y viens si douloureusement offrir, naîtront en même temps : le salut, la rédemption et l'entière délivrance ! »

Vengeance! s'écria Sathan; je serai terrible, ajouta-t-il. « J'aimerai plus encore, dit en descendant des cieux, comme une pure étincelle du foyer divin, celle qu'Anne la suptuagénaire, épouse de Joachim, nomma, sur la terre des pécheurs, sa fille sainte et bénie ! »

Les cieux se refermèrent, laissant à l'hommage des temps et des mortels le droit de chanter plus souvent la partie humaine de cette histoire céleste. Puis, tous les ordres angéliques, entourant de nouveau le tabernacle d'Adonaï, entonnèrent le *Sanctus* éternel auquel nous allons répondre par les simples paroles de ce cantique :

Saint, Saint, Saint est le Seigneur ! Qu'il soit pour nous, en ce sanctuaire, et partout où doit régner sa justice et sa vérité, notre paix, notre adoration et notre amour. Vertu divine du Pontife éternel, opère dans cette heureuse obéissance avec laquelle nous nous empressons de servir ta prévenante miséricorde.

Que nos âmes et nos cœurs trouvent grâce devant toi, ô Toute-Puissance éternelle, afin que celle que tu as voulu nous apprendre à mieux honorer, vénérer et bénir, le soit aujourd'hui aussi saintement et aussi solennellement que le méritent son dévoûment et son amour pour nous. *Amen.*

INVOCATION CONSÉCRATIVE.

Que ce pain, ô tout-puissant Seigneur, soit, par ta grâce souveraine et par les mérites rédempteurs de Notre Seigneur Jésus-Christ ✠, l'attestation vivante de notre action de grâces et la nourriture substantielle de notre angélité reconnue. *Amen.*

Que ce vin soit, par l'auguste plénitude de ta miséricorde ✠, changé en ferment immortel, afin que, buvant à cette coupe, nous y trouvions tous un nouvel aliment pour mieux et plus saintement aimer notre immaculée Mère, et aussi un moyen de parfaite unité pour augmenter en nous la force nécessaire au labeur de notre régénération. *Amen.*

Que ce pain ✠ et ce vin ✠ soient la nourriture de tout notre être et l'hostie ✠ vivante de notre personnel sacrifice, pour que nous trouvions en elle, dans le désert où nous ont jetés nos pasteurs, tout ce que s'est proposé par la communion chrétienne l'auguste et divin Fils de notre très immaculée Mère. Que le Saint-Esprit de la véritable égalité et la vivante pratique de cette fraternité, qui a commencé dans les cieux, se fondent enfin au milieu de nous. Au nom du Père et du Fils et du Saint-Esprit. *Amen.*

POUR LES MORTS.

O Mère de celui qui nous est venu du ciel pour racheter tous les malheureux qui se sont volontairement séparés de son amour, unissez en ce moment votre voix maternelle à cette instante prière que nous voulons lui adresser pour les innombrables victimes de la mort! Que vos compassions, ô très sainte et très immaculée Mère, provoquent l'application suprême et immédiate de ces mérites souverains par la puissance desquels Jésus-Christ, Notre Seigneur votre divin Fils, après l'auguste sacrifice de sa mort, emmena au séjour des gloires éternelles ceux qui gémissaient depuis si longtemps dans les limbes détenteurs. Conjurez, ô très clémente Marie, le Père des miséricordes infinies, qu'après avoir agréé ce sacrifice, que nous avons été si heureux de lui offrir, il agrée également, pour la grâce, la paix, le secours et la délivrance de tous nos morts, la communion fraternélle et glorifiante à laquelle nous nous disposons à prendre part. Au nom du Père et du Fils et du Saint-Esprit. *Amen.*

Adorable et suprême amour de Jésus-Christ, nous t'adorons et nous nous donnons à toi comme nous te supplions de te donner à nous! Que cette communion que nous allons faire resserre par des liens nouveaux notre volonté d'être de vivantes hosties à ta gloire; que par ta grâce infinie et tes mérites divins, nous devenions plus manifestement et plus fidèlement une même chose avec toi. Que cette coupe, à laquelle nous allons tous boire en ton nom, nous unisse dans une même foi et un même amour, comme doivent être unis tous les membres d'un même corps, afin que nous travaillions tous à glorifier ta mémoire et à faire adorer, par toute la terre, l'incommensurable générosité de cet amour que tu as mis à nous racheter et à nous sauver. *Amen.*

Que mon esprit s'abaisse et s'humilie; que nos âmes s'embrasent; que nos cœurs s'enflamment pour répondre plus dignement aux chastes et miséricordieuses prévenances de notre immaculée Mère, ainsi que pour glorifier plus immensément l'amour de Notre Seigneur Jésus-Christ qui de sa vertu divine a changé notre sacrifice en sacrement. *Amen.*

COMMUNION DU PAIN.

Que cette part de notre sacrifice anime en nous la vie du sacrifice.

DISTRIBUTION DE LA COUPE.

Je boirai à la coupe des forts; j'activerai la soif de mon âme par le vin éternel de la charité; j'adorerai mon Dieu par les mérites de son sang précieux, et mon esprit confessera à jamais le gage du salut que lui assure l'infinie miséricorde du Seigneur. *Amen.*

Que nos cœurs reçoivent par cette coupe la grâce et la vie de la charité. *Amen.*

PRIÈRE D'ACTION DE GRACES.

Votre éternel amour, ô Emmanuel, nous a fourni lui-même les pensées et les paroles à l'harmonie desquelles nos âmes se sont élevées durant le sacrifice que nous venons de vous offrir. Vous surpassez, en prévenance et en bonté, tout ce que nous connaissons de la prévenance et de la bonté des meilleurs et des plus saints dans l'histoire des hommes! Oh! oui, vous seul pouviez mettre sur nos lèvres et dans nos cœurs cette grâce si persuasive qui les charmait à mesure qu'ils vous exprimaient la piété filiale par laquelle ils désiraient si ardemment vous glorifier, en glorifiant par vos propres lumières votre très pure, très sainte et très immaculée Mère. Achevez, ô Emmanuel, ce que vous avez si magnifiquememt commencé pour nous; vivifiez dans tous nos cœurs, par la bénédiction que nous met à même de prononcer la sainteté de notre ministère, la semence qu'ils viennent de recevoir, afin que, se développant et se manifestant par tous les actes de notre vie, nous soyions à votre gloire et à celle de notre très sainte Mère, la constante et harmonieuse édification de tous nos frères. *Amen, amen, amen.*

BÉNÉDICTION.

Esprit magnificateur et édificateur de la parole divine, grandissez en nous et multipliez-vous dans chacun de nous, afin qu'après avoir été si admirablement bénis par vous, nous soyions l'affirmative bénédiction de ceux qui nous entourent. Nos mains étendues sur eux vous les présentent de nouveau en les bénissant. Au nom du Père et du Fils et du Saint-Esprit. *Amen.*

HYMNE DE RECONNAISSANCE.

Levons-nous tous, enfants du Seigneur, et sous le nimbe éclatant de cette divine lumière dont il vient si admirablement de couvrir nos cœurs,

offrons-lui de nouvelles actions de grâces, et célébrons, avec le plus reconnaissant transport, sa grâce
ineffable et son inépuisable bonté! Que nos âmes
deviennent autant de louanges, et que tous les
battements de nos cœurs soient une suite non
interrompue de bénédictions. C'est bien à nous
maintenant qu'il appartient de dire: Dieu vivant et
véritable, nous voulons que toute notre vie affirme
et solennise l'éternelle sainteté de ton nom et
l'inépuisable infinité de tes relevantes miséricordes. Que les cieux et l'universelle assemblée des
mondes répètent à jamais les paroles de cette
action de grâces; que les anges et les saints, les
morts et les ressuscités entendent pour ta plus
grande gloire, ô Roi des rois, ce que ta science et
ta lumière font naître dans notre intelligence et
crier à notre Verbe : Gloire et adoration éternelles
au Créateur de Marie, destinée, dès sa glorieuse création, à être la mère de son divin Fils et par lui
notre Mère! Gloire et adoration à la justice éternelle, si saintement et si admirablement glorifiée
par Marie, la très sainte mère du Verbe incarné, et

aussi notre Mère! Gloire et adoration aux compassions divines et éternelles du Tout-Puissant, du Très-Haut, si entièrement et si magnifiquement glorifiées par les adorantes compassions de Marie, la chaste et virginale mère de Notre Seigneur Jésus-Christ, et aussi notre Mère! Gloire et adoration à l'infinie et incréée miséricorde du Créateur des anges et des hommes, si abnégativement et si généreusement glorifiée par la si suave et si sublime humilité de Marie, mère du Sauveur du monde, et aussi notre Mère!

Salut, trois fois salut, ô constante et fidèle abnégation de Marie! Salut, trois fois salut, ô très amer et très douloureux dévoûment de Marie! Salut, trois fois salut, ô indicible et effrayant martyre de Marie! Que notre reconnaissant hosanna monte jusqu'à ton trône, ô Père dont les grâces éternelles n'ont pas cessé d'inonder Marie, la plus pure et la plus sainte des mères! Que l'*alleluia* de notre action de grâces s'élève jusqu'au glorieux et immortel trophée de ta victoire, ô Verbe du pardon, du rachat et de la délivrance, qui nous as donné tout cela par Marie, la plus chaste et la plus compatissante des mères! Que l'amour des élus et les repentants soupirs des pécheurs soient portés jusqu'à toi, Esprit de paix, de grâce et d'amour, qui as si divinement et si amoureusement opéré pour nous tous en Marie, la plus aimante des mères. Hosanna! *Amen. Alleluia, alleluia*

PRIÈRE D'UNIFICATION

A L'HEURE SAINTE A MARIE

O Dieu, Seigneur tout-puissant et infini en miséricorde, nous rappelant aujourd'hui ce que votre divine lumière a mis sous nos yeux et à la disposition de notre cœur par les si admirables et si douloureuses considérations qui composent l'ordre des saintes prières du Sacrifice Provictimal, dans lequel se trouve incluse la solennité de l'Heure sainte à Marie, nous voulons pour vous en glorifier, ô Seigneur notre Dieu, vous offrir de nouveau ce que votre Saint-Esprit nous a révélé des afflictions et des désolations qui devaient, à cause de nos crimes, fondre comme des flèches dévorantes sur le cœur si pur, si bon et si généreusement dévoué de notre très immaculée Mère.

Que se passa-t-il dans ce cœur si jeune, pour qu'au premier âge, qui réclame pourtant ordinai-

rement les plus doux soins et les plus tendres car-
resses d'une mère, l'innocente et angélique Marie
quittât la sienne et s'enfermât, par une décision si
précoce de sa volonté, dans cette vaste et froide
maison qui se nommait le temple de Jérusalem,
temple déjà tant de fois cité à la barre des crimes
par vos Prophètes? Qu'avait-elle vu dans l'ordre de
vos desseins, Sagesse eternelle, pour qu'elle solli-
citât de la si grande vieillesse de sa mère cette
séparation qui fut trempée de tant de larmes et qui
commença les jours de deuil de la vertueuse et sainte
maison de Joachim? Fuyait-elle le pieux oasis pour
une plus grande délectation de la vie cachée? Mais,
Seigneur, la piété filiale qui vient de vous eût
arrêté la pure enfant et ne lui eût pas permis
de livrer aux plus douloureuses larmes les derniers
jours de ceux à qui votre bonté et votre grâce
l'avaient si évidemment confiée.

Ah! Seigneur, cette première séparation dut être
un signal terrible, un effrayant rappel, un déchi-
rement prophétique! Un abîme attire un autre
abîme, a dit le grand roi d'Israël.

Ici, Seigneur, Marie l'a parfaitement compris. La jeune victime, qui s'arrache à la vénération due à une si sainte parenté, l'enfant chérie qui marque au sceau d'une si sévère douleur les cheveux blancs de sa mère, dut retourner les paroles du roi prophète et s'écrier : Voici, mon Dieu, la victime du plus salutaire appel qui vient se cacher dans le sein de vos souveraines promesses pour attirer plus tôt, et plus conformément à ce qui doit être, la grande et solennelle victime de la rédemption!

Que de fois déjà l'admirable et miraculeuse créature s'était jetée aux pieds de celle dont son si jeune cœur aurait voulu si tendrement arrêter la moindre larme! Que de fois ses mains bénies avaient pris, en les baisant, les mains des nobles vieillards qu'elle appelait de sa voix toute céleste son père et sa mère! Que de fois en priant avec eux, elle s'était écriée, en face de cette grande et martyrisante mission qui lui était échue, et que lui retraçaient en termes inexorables les prières mêmes de celle qui l'avait enfantée :

« La fille de Juda doit être séparée de tout ce

qu'elle aime, et ceux qui ont le plus d'amour pour elle appellent chaque jour à grands cris ces cruelles séparations! »

Ses pieux et dévoués parents reprenaient dans une chaleur d'expansion qui les transfigurait :

« Pourquoi le Très-Haut semble-t-il en fureur devant la nuit qui couvre encore la fille de Sion ? »

Qui osera garder dans sa propre demeure la fille d'Israël qui a laissé aux cieux l'éclat de son indépendante splendeur! L'arche sainte, qui est le marche-pied du Dieu de qui nous attendons la délivrance, ne doit être que dans son temple! Les saints vieillards reprenaient alors avec d'abondantes et patriotiques larmes : Notre cité, qui fut si sainte autrefois, est devenue comme une veuve; la reine de nos provinces est assujettie au flétrissant tribut; les rues de Sion, qui semblaient trop étroites pour le passage des princes qui venaient la visiter, sont toutes désertes; ses prêtres sont devenus, aux cœurs restés fidèles, de continuels sujets de larmes; ses vierges ne sont plus reconnaissables; Jérusalem ploie sous son péché, ses souillures se voient jusque sur ses pieds! Seigneur Dieu d'Israël, Dieu de nos pères, ayez pitié de nous!

Un jour, le Saint-Esprit, qui faisait gémir si énergiquement les prophètes, saisit le cœur d'Anne, la sainte mère de celle qui n'était venue en ce monde que pour être la mère du Dieu rédempteur. Comme l'épouse d'Elcana, elle se leva devant l'astre qui commençait à échauffer de ses feux les pentes embaumées de cette riche montagne sur laquelle semblait se cacher, comme un nid de colombe, la pieuse demeure de Joachim. Dieu Très-Haut! s'écria-t-elle, est-ce donc fini de notre espérance? Ta tente est renversée comme un jardin que l'on a voulu détruire; ton tabernacle ne nous parle plus. Nous en sommes venus à craindre le renouvellement de nos jours de fêtes, et nous n'assistons qu'en pleurant aux solennités du Sabbat! Nos cœurs sentent bien que tu as rejeté ton autel, et nos yeux, trempés de pleurs, ne voient plus ton sanctuaire qu'enveloppé de malédiction!

Seigneur, prends pitié de l'excès de notre honte; que l'absinthe et le fiel dont nos cœurs sont nourris nous fassent au moins trouver grâce devant toi!

Anne s'agenouilla, puis cacha sa belle et majestueuse tête dans ses mains; elle dit encore en sanglotant : Nous avons eu Débora, Esther et Judith pour sauver nos pères du châtiment des hommes; mais quand l'heure sonnera-t-elle, où celle qui doit trouver grâce devant vous, Seigneur, nous attirera enfin votre divin secours?

Le jour s'effaça sous l'éclat d'une majestueuse lumière; l'ange Gabriel, cité par Daniel au livre de ses hautes voyances, étendit sur la tête des deux vieillards la ravissante clarté de son nimbe céleste.

Marie se leva et, perdant tout à coup le voile et les limites assignées ordinairement à l'enfance, elle parut, aux regards comme à la foi de ses pieux parents, une jeune femme dans toute la grâce, la force et la beauté de cette nature chantée par Salomon dans son Cantique des cantiques. Son Verbe prit les tons et le caractère de cette énergique inspiration qui devait, plus tard, faire tressaillir le saint Précurseur dans les flancs miraculés d'Elisabeth.

Eternel Dieu, dit-elle, tes miséricordes ne sont point anéanties; ce ne sera pas en vain que les restes de ton peuple appelleront la délivrance que tu leur as promise !

J'aime de toute mon âme ceux qui me nomment leur fille, et la pensée de les quitter tourmente toujours très amèrement mon cœur.

Ah! je t'en supplie, Dieu d'infinie clémence, donne à mon âme, si faible encore, le courage qu'exige cette séparation dont le moment si douloureux s'approche; exauce les pleurs de mes yeux et les cris de mon filial amour; donne la plus sainte consolation aux paroles de ma bouche et mets, dans le cœur de ceux que je dois si profondément affliger, une résolution et une paix qui soient en eux la certitude qu'ils servent ainsi les desseins de ta miséricorde et la plus solennelle manifestation de ta gloire.

Apprends-leur, ô mon divin Créateur, ô mon Dieu, que toutes les nations sont intéressées au bonheur de te connaître, et qu'il est temps que tout l'Univers sache que tu es l'unique Tout-Puissant, le vrai Dieu! Dis-leur, ô mon Père, mon unique Père, dis-leur que c'est dans la retraite et le silence qu'il faut que le salut promis soit attendu. Montre-leur ton temple dont l'arche a fui et le tabernacle dont l'oracle n'est plus!

Apprends-leur que ta pitié s'est étendue sur la terre, et que celle qui doit enfanter ton divin Fils doit, dès maintenant, venir habiter ta sainte maison.

Tu entends ces vieillards qui adorent ta loi et crient vers tes promesses! Ecoute-moi encore, ô Roi éternel, ô Dieu Tout-Puissant, ton héritage périt, et ceux qui te nomment leur Dieu sont depuis longtemps déjà sous la puissance de leurs ennemis.

O mes saints gardiens, l'heure a sonné au profond de mon âme; ne pleurez plus, vous qui m'aimez; je suis celle que le Seigneur appelle sa servante, et c'est bien moi, la fille d'Israël, qui dois enfanter celui que les prophètes sacrés ont nommé le divin Serviteur! Vos jours sont glorifiés; le Sabbat des saints est devenu le vôtre; mais, avant de vous coucher dans les parfums du Dieu Très-

Haut, conduisez-moi au temple si désert, afin que ma voix s'y fasse entendre, qu'elle couvre celle des grands-prêtres qui chantent chaque jour les gloires incomprises de celui qui m'a créée, comme ils chantent, sans les entendre, les douleurs et les larmes de mes longs jours! Il est temps, saints d'Israël, que, comme l'élève de Mardochée, vous veniez m'introduire dans le palais du Roi!

Je suis venue pour trouver grâce devant ses yeux et je sais qu'il se rendra à ma prière; il m'accordera l'heure de donner, à Israël et aux peuples des nations, celui qui sera leur clarté, leur salut et leur vraie délivrance!

Maintenant, ajouta-t-elle, je cours vers toi, ô Roi de grâce et de clémence, et ceux qui semblaient devoir souffrir de cette douloureuse séparation me l'offriront et la verront devant toi comme une grâce nouvelle par laquelle ta bonté divine répond enfin aux dernières prières et aux derniers cris de de leur vieillesse.

L'archange Gabriel, des droits de cette auréole sainte dont l'Eternel avait paré son front pour ses

.décisions actuelles, brisa le nuage épais qui couvre le livre de vie et qui voile aux soumis à la mort l'heure de la séparation naturelle des choses extérieures d'ici bas!

Anne et Joachim virent le grand sanctuaire des joies célestes, et, dans l'assemblée, les trônes saints sur lesquels celle que l'on nomme le mystère noir allait enfin les faire asseoir. Ils se levèrent tous deux; leurs mains se rencontrèrent et s'unirent sur la tête prédestinée de la Fille de Juda, celle qui dès lors était pour eux tout à la fois la Fille du Roi de gloire, l'Epouse de son suprême amour et la très immaculée Mère de son divin Fils. D'une seule et même voix ils chantèrent rithmiquement ces paroles dont l'esprit appartenait aux grandes prophéties de David: L'éternel Tout-Puissant est avec nous; le Dieu de Jacob a pris enfin notre défense, il a choisi au milieu de nous celle qui sera la gloire de son héritage. Elle est aimée du Dieu fort celle qui nous donnera l'unique Libérateur. Nous irons sur la montagne du repos glorifier l'espérance de Jacob, et nous apprendrons à Abraham que le parfum des promesses qui le réjouissent est descendu dans la maison qui doit être celle du vrai Dieu.

O fille de Sion, ô vierge de Juda, ô fleur de Jessé, notre ligne est tracée; l'amour de notre nation et la gloire de notre peuple vont se développer en vous, qui êtes l'arche vivante, le tabernacle auquel la loi de l'homme est étrangère! Partez, ô fille des complaisances divines; quittez la maison de ceux qui vous aiment; allez vous consacrer à la délivrance de la race choisie et conjurer celui qui vous aime, qu'il prenne en pitié le peuple chez lequel il vous a fait descendre! Partez, ô la bien aimée du grand Roi; allez prier au palais de votre Père! Ceux qui vous aiment vous y conduiront avec le saint respect de leur foi et avec des cœurs remplis surabondamment de la plus glorifiante reconnaissance.

L'archange remonta dans la gloire.

Une voix prononça ces paroles que le cœur de Marie conjura le Seigneur de ne faire retentir qu'en lui seul: « Est-ce que ce serait celle-ci qui justifierait l'esprit de ces paroles : On entend d'en haut la voix d'une vierge qui prépare, dès maintenant, la grandeur et la puissance de son enfantement. » Ah! si c'est elle, continua la voix, qu'elle se souvienne qu'il est dit d'elle : « La fille de Sion n'a plus la force de crier; elle souffre plus que si elle était mourante. » C'est elle! c'est bien elle qui, les mains étendues, s'écriera pleine d'angoisses : « Malheur à moi! car maintenant mon âme est frappée par autant de glaives que Lui! reçoit d'injures et de coups de la part de ses meurtriers!

La belle et sublime enfant s'agenouilla encore, et, fixant ses délicieux regards vers la voûte céleste, elle prononça lentement, avec une force et une grâce qui remuèrent, sans qu'ils s'en rendissent un compte bien exact, le cœur de ses bons parents : O toi qui es élevé au-dessus des cieux, et qui tiens en tes toutes-puissantes mains la délivrance et le salut des mortels, mon cœur est tout préparé, mon âme est toute prête!

Nous nous lèverons de grand matin et nous partirons pour accomplir ce que je t'ai promis, lorsque je vivais dans la gloire de ton tabernacle. Je te renouvellerai les vœux dont le souvenir m'éclaire. Je pétrirai, dans ta maison, ô mon Père, le pain qui doit nourrir mes larmes; rien ne me sera impossible si tu abaisses toujours tes regards sur ton humble servante; ô Dieu, mon Dieu, n'es-tu pas tout mon bonheur et toute mon espérance!

Arrière! grossières menaces, je ne vous crains pas plus dans l'amour qui me vient de mon Dieu, que je ne crains ce que la haine et la fureur des hommes peuvent me faire.

O vous qui m'aimez dans le don même du Tout-Puissant, de l'Eternel, du temple où vous m'allez conduire, je continuerai votre ardente prière; je crierai vers cette miséricorde près de laquelle vous allez régner, et, du haut des cieux que vous habiterez alors, vous me répondrez à travers les nuées: Ecoute, ma fille, rends ton oreille attentive, ne ferme point les yeux; l'Attendu de ton âme, l'Espoir d'Israël, le Désiré des nations ne va pas tarder à descendre!

Les deux vieillards enlacèrent de leurs chastes caresses celle qu'ils savaient ne pas quitter en la conduisant à celui qui était tout pour eux. Seigneur, qu'elle fut grande, solennelle et sainte cette première heure préfaciale de toutes celles qui allaient en se succédant, chaque jour, apporter au cœur de la jeune et toute dévouée vierge tant de grains de myrrhe et tant de feuilles d'absinthe pour être manifestement changés en ce calice de douleur que la Vierge-Mère commencerait à boire à longs traits dès le moment même où le rachat et le salut, si solennellement appelés par toute la terre, devaient prendre vie dans son sein.

Ah! Tout-Puissant, vous à qui seul il appartient de créer et de manifester de tels prodiges, faites-nous la grâce qu'en nous donnant à vous, sous la forme si saintement agréée par vous de ce sacrifice personnellement provictimal, nous soyons tous assez fidèles à la foi que vous avez mise en nous pour que nous puissions vous dire vivamment, comme la jeune et déjà si dévouée Marie : Toute notre espérance est en toi, Seigneur, et tant que tes divins regards seront arrêtés sur nous, nous ne craindrons rien de ce qui peut nous venir de la méchanceté ou de la colère des hommes. *Amen, amen, amen.*

Confiants en toi, éternel Dieu, à qui notre adoré Sauveur et son immaculée Mère présentent en ce moment nos prières, nous fléchissons nos genoux et nous courbons respectueusement nos fronts pour crier encore :

Saint, saint, saint est le Seigneur ! Saint est son nom, trois fois sainte est sa parole, etc.

DERNIÈRE ACTION DE GRACES.

Après avoir glorifié notre Dieu et adoré sa souveraine bonté, après avoir reçu dans nos cœurs le fruit consacré du sacrifice que nous lui avons offert et qu'il a daigné agréer, levons-nous comme on se lève pour chanter l'hymne d'action de grâces, et rapprochons toutes les saintes reconnaissances de nos cœurs, comme on rapproche dans un grand ensemble de voix les notes harmonieuses d'un glorieux cantique.

Le Seigneur nous a glorifiés en découvrant à nos âmes une de ces douloureuses magnificences qui ont fait de la vie de notre immaculée Mère une royauté de martyre, qui ne peut être dépassée que par l'auguste et divine royauté du martyre de son très divin Fils.

O suprême, étonnant et ravissant amour de Marie, nous te saluons dans la gloire du Dieu incréé, parce que, au ciel, aux cieux et sur notre terre, tu as tellement glorifié cette gloire, qu'il n'y a qu'elle absolument qui soit digne de te glorifier! O sainte, ô suave et harmonieuse piété filiale de Marie, nous te bénissons dans la gloire éternelle du Père, parce que nous ne voyons que cette gloire seule à qui vraiment il appartienne d'assez saintement te glorifier! O sainte, royale et inneffable virginité de Marie, nous te bénissons dans l'insondable gloire du Saint-Esprit, parce que notre intelligence éclairée par sa divine lumière nous a fait comprendre qu'elle seule est assez immense et assez éclatante pour te glorifier! O maternité si aimante, si féconde et si réellement réenfantante de Marie, nous te bénissons dans la gloire infinie du Verbe incréé, parce que nos cœurs, prévenus par sa toute divine grâce, ont senti que cette gloire est l'unique gloire dans laquelle la divinité du Rédempteur et sa divinisante rédemption doivent éternellement te glorifier!

Aux ardents et glorifiants désirs de ton cœur, ô Marie, obtiens-nous et permets-nous d'unir nos plus pieux désirs.

A tes indescriptibles souffrances, ô cœur si continuellement déchiré de Marie, obtiens-nous et permets-nous d'unir nos plus pénibles et nos plus amères souffrances.

A tes larmes, si suppliantes et pourtant si douloureuses, ô cœur de Marie, obtiens-nous et permets-nous d'unir fructueusement et saintement l'âcreur et l'amertume trop méritées de nos larmes.

Par la constante royauté de ces compassions inouïes dont tu as si miséricordieusement prévenu notre terre; du haut des cieux où tu es assise à la droite de ton Fils éternel, ô Marie, ne cesse pas de nous prévenir toujours.

Par la souveraineté de ce brûlant et charitable amour dont tu as si magnifiquement aimé notre terre; du sein de la gloire éternelle où tu règnes entourée jour et nuit des anges, des archanges et

des saints, ô Marie! malgré nos continuelles faiblesses et la multitude de nos péchés, ne nous
abandonne pas, mais aime nous toujours.

Au nom du Père et du Fils et du Saint-Esprit.
Amen. Alleluia, alleluia, alleluia.

CORDIALE RÉPARATION A JÉSUS-CHRIST

DANS LA DIVINE EUCHARISTIE

POUR LA SACRILÉGE EXCLUSION DES FIDÈLES A L'AUGUSTE ET SALUTAIRE PARTICIPATION DU CALICE

Au nom du Père et du Fils et du Saint-Esprit. *Amen.*

O vous tous qui aimez Notre Seigneur Jésus-Christ, et qui venez adorer sa divine présence dans l'auguste et solennelle unité du sacrement eucharistique, nous vous rappelons que nous venons tout particulièrement, aujourd'hui, au pied de cet autel pour répondre à cette plainte si prévenamment amoureuse de notre divin Maître, adressée par lui à son serviteur, dans la nuit du 6 Septembre 1865, et conçue en ces termes:

« Elie, vous vous êtes réjouis et vous m'avez rendu grâce de ce que j'ai remis devant vos cœurs les bienfaits et les glorieux avantages de ces heures saintes dans lesquelles, chaque mois, vous pouvez maintenant vous unir avec la plus fructueuse intimité à l'esprit saint de ces dispositifs si douloureux et si terribles qui ont eu pour terme délivrant et salutaire mes souffrances et ma mort, ainsi que les inénarrables déchirements du cœur de ma très pure et très immaculée Mère. J'attendais de votre foi, des illuminations dont je n'ai cessé de prévenir et d'éclairer vos consciences; j'attendais, surtout de cet amour que vous confessiez si souvent avoir pour moi, que vos cœurs appelassent, des divines gratitudes du mien, la réparatrice érection d'un jour spécialement consacré à pleurer, devant mon Père, devant Moi et devant mes saints, ce crime des crimes qui se renouvelle permanemment contre ce mystère qui est la preuve la plus sacrée de mon dévoûment et de mon amour pour tous les enfants des hommes.

« J'ai voulu vous former et vous instruire avant d'exciter en vous la demande explicite de la solennelle réparation à l'ordre effectif de laquelle je viens moi-même vous inviter aujourd'hui!

« La justice de mon Père peut, d'un jour à l'autre, peser de son poids suprême sur les choses terrestres et sur l'ensemble des provocations humaines, qu'elles ont, depuis plus longtemps déjà, honte de servir. Mes regards se sont arrêtés sur vous pour établir un suppliant contre-poids à cette justiciabilité qui a, comme toutes les perfections divines du Père céleste, ses rigoureuses exigences. L'appel que vous pouviez me faire, et que mes miséricordieuses compassions vous adressent maintenant, n'est nullement sollicité par ma gloire, ni par celle de mon Père. Celle que je proclamai, du haut de ma croix, votre Mère et la gracieuse méditation contre les perpétuelles responsabilités qu'imposent à la loi de votre paix le sacrifice expiateur, sans la juste application duquel vous ne pouvez être heureux, m'a, depuis la consécration du Pontife de témoignante constance, supplié chaque jour de vous obtenir, de l'ineffable pitié de mon Père, cette grâce de sursis, cette aide nouvelle, ce nouveau et protégeant secours.

« Prenez le premier jeudi de chaque mois, et

parmi les heures du soir, choisissez celle qui vous mettra le mieux à même de vous rappeler cette heure où mon amour sans bornes vous laissa, dans l'auguste monument du pain et du vin eucharistiques, le plus grand des bienfaits et le plus divin des secours. »

Le Fils du Très-Haut ajouta :

« Elie, j'éclairerai ton intelligence, ton âme et ton cœur afin que, dans la forme et dans l'esprit de votre Sacrifice Provictimal, tu puisses peindre les édifiantes et rationnelles considérations au moyen desquelles chaque âme et chaque cœur soient mis à même de comprendre la justice et l'opportunité de cette offrande réparatrice et salutaire. Que ce que votre amour pour moi n'a pu encore éveiller en vous puisse être activement éveillé par la consolante pensée que, la réelle et vivante efficacité de cette réparation provictimale est un des moyens les plus véhéments qui vous est donné pour être, dans la sainte défense de vos frères, ce qu'il est dit de Jacob quand il prit le nom d'Israël, c'est-à-dire fort contre Dieu! »

Le serviteur du Très-Haut s'humilia devant l'ineffable prévenance de son Dieu et il commença ainsi l'ordre et la confiante supplication réparatrice de ce provictimal sacrifice :

O vous tous, dont les cœurs et la foi ne font qu'un avec notre foi et avec nos cœurs, courbez votre tête et offrez vos pleurs comme nous offrons les nôtres devant l'infinie bonté qui nous rassemble au pied de son autel. Présentons-nous à lui aujourd'hui, dans sa sainte maison, comme de suppliantes victimes se donnant d'elles-mêmes aux miséricordieuses satisfactions de sa divine justice. Celui à qui nous avons le bonheur de nous offrir, nous a fait connaître depuis longtemps que, comme un père plein de tendresse et de compassion pour ses enfants, il répondra à nos humbles prières, et qu'il oublierait plutôt sa droite, que de nous retenir sa grâce et son secours lorsque nous nous retournons vers lui.

En vous seul est notre espoir, ô Dieu infiniment bon ; vous aurez encore pitié de nous et vous ne repousserez pas la prière et la supplication que vous adresse notre sincère repentance. Vous couvrirez, avec nos propres péchés contre la sainteté miséricordieuse de votre divine alliance, les péchés de nos frères avec lesquels nous confessons solennellement notre incontestable solidarité. Si, au milieu de nos frères, nous osons élever notre voix, ô Dieu d'inépuisable pitié et de surabondante compassion, c'est parce que nous savons qu'éclairés de cette pure lumière qui nous éclaire maintenant, la prière de leur cœur passera dans notre permanente prière. C'est pour tous que nous sommes entrés dans vos divins parvis, afin de couvrir de nos gémissements l'autel et la coupe sacrés qui nous rappellent chaque jour, avec une si énergique insistance, la part que nous avons si malheureusement prise à la séparation et à la criminelle violation de votre éternelle alliance.

Ah! Seigneur, délivrez-nous du poids accablant de ce pacte impie auquel l'enfer nous a fait consentir, ou auquel nous avons adhéré depuis si longtemps au préjudice de la divinisante sainteté de votre personnelle alliance! Mettez en nous votre divine lumière afin que nous puissions éclairer

ceux qui vivent encore dans l'aveuglement routi-
nier qui domina si puissamment les premières fruc-
tueuses réflexions de notre raison, ainsi que la
cordiale ferveur de nos plus belles années. Que votre
miséricordieuse clémence descende comme une
rosée féconde sur toutes les plaies de notre âme,
et que votre généreux pardon nous relève de
l'ingrat abaissement auquel se sont livrés nos
cœurs. Permettez-nous de nous préparer, par cette
divine prière, à recevoir présentement votre miséricordieuse grâce et votre surabondant pardon :

« Notre Père qui êtes aux cieux, que votre nom
soit sanctifié, que votre règne nous arrive, que
votre volonté soit faite sur la terre comme au ciel ;
donnez-nous aujourd'hui notre pain supersubstantiel ; pardonnez-nous nos péchés comme nous pardonnons à ceux qui nous ont offensés et ne nous
laissez pas surprendre par la tentation, mais délivrez-nous du mal. *Amen.* »

L'assistant ou les assistants, appartenant au pontificat divin, se lèveront, et, les
mains étendues sur le Pontife qui célèbre vocablement, prononceront ces paroles
absolutrices :

Rappelez-vous, ô notre frère, que le Seigneur est toujours proche de celui qui offre ses larmes. Vous savez qu'il se plaît à couvrir de sa lumière ceux qui pleurent devant lui leurs erreurs, leurs transgressions et leurs péchés.

C'est pourquoi, dans l'auguste investiture de sa miséricorde ineffable, nous prononçons sur votre âme, sur votre esprit, sur votre cœur et sur votre vie le pardon généreux par lequel la bonté divine vous rétablit dans la paix fructueuse et vivante de sa divine alliance. Au nom du Père et du Fils et du Saint-Esprit. *Amen.*

Le Pontife dans l'ordre divin se lèvera à son tour, et, les mains levées, prononcera sur ceux qui forment sa pontificale assistance, ainsi que sur tous les assistants, ces paroles sacramentelles :

L'Eternel l'a dit à David : « Je revêtirai mes ministres d'une vertu salutaire et je les ferai la lampe de mon Christ. Je les formerai dans ma justice, et la parole que je mettrai dans leur bouche portera la joie au cœur de ceux que je veux sanctifier. »

Celui qui parlait ainsi au roi-prophète m'a

ordonné de vous dire aujourd'hui : Le Seigneur notre Dieu a choisi ce jour pour en faire tout particulièrement un jour de grâce et de pardon; c'est pourquoi, en vous bénissant dans sa maison sainte, il vous affirme, par mon Verbe, qu'il en est maintenant de vos péchés confessés comme de la fumée qui disparaît sans laisser de traces, et de vos solidarités accusées comme de la cire consumée par le feu.

Que la joie de votre déliement rafraîchisse votre âme, et que vos cœurs se souviennent qu'ils sont rentrés maintenant dans la plénitude souveraine des bienfaits de l'alliance divine.

Au nom du Père et du Fils et du Saint-Esprit. *Amen.*

ACTE D'ADORATION.

O monument de paix, de force, de courage et de sainteté, comment se fait-il que nous soyons restés si longtemps dans le calme coupable qui nous a laissés surprendre par la plus étrange et la plus ingrate des tentations? O sainte, ô adorable Eucharistie, comment avons-nous pu consentir à la sacrilége mutilation que t'ont fait subir ceux que nous nous plaisions à regarder comme les sentinelles avancées de l'amour qui t'est justement dû?

O vie divine, nous sommes coupables de cette horrible déformation sous laquelle on te présente à la majeure partie de ceux qui te réclament. O corps sacré de Jésus-Christ, nous nous sommes habitués à t'adorer comme t'adoraient au prétoire les bourreaux qui, après t'avoir flagellé et déchiré, s'agenouillaient devant toi en te vômissant les plus grossières injures et en blasphémant l'auguste divinité que leur voilaient tes traits pacifiques et miséricordieux. Insouciants de ta vie divine, nous avons consenti à recevoir ton corps sans l'animation et sans la vitalité suprême qu'exige le sang qui le féconde et le sustente. Heureux dans notre ignorance, nous avons confondu ta chair adorable avec celle des veaux, des agneaux et des bœufs que se fesait gloire de t'immoler Israël. Nous ne nous sommes jamais arrêtés devant ton droit divin, pas plus que devant ton pouvoir suprême. On nous a dit :

Venez manger la chair du fils de l'homme, et nous ne nous sommes pas demandé pourquoi cette chair, ainsi dépensée, ne présentait à notre raison et à notre cœur qu'une partie de ce pacte sacré dont l'unité souveraine se trouve scellée par ces divines paroles : Celui qui mange ma chair et boit mon sang a la vie en lui! Comment se fait-il, ô divine Eucharistie, que nous nous soyons abusés si étrangement; qu'en te recevant sous la symbolisation d'une chair morte, nos âmes et nos cœurs se soient crus sustentés par la vie divine et glorifiante de celui qui, avant que de mourir, nous affirmait qu'en te recevant nous recevions, — non la chair qui fut exposée sur le calvaire après l'auguste et sacrifiante effusion de son sang rédempteur, — mais cette chair vivante, féconde et animée qui, après s'être donnée à nous dans toute sa virtualité, allait être sacrifiée ensuite pour nous dans la souveraine immolation sans laquelle nous ne pouvions être sauvés?

Ah que nous sommes coupables contre toi, Eucharistie divine! N'avons-nous pas un frappant et explicite exemple de cette puissance vitale qui se communique, se transmet et se transforme dans l'ordre le plus éclatant de la vie elle-même? Quand le Tout-Puissant, l'Eternel, tira Eve d'Adam, Adam ne fût ni mort, ni moindre; et si la toute-puissance du Créateur avait voulu infiniser le mode opérateur et extenso-créateur, dont il nous donnait un spécimen si péremptoire, où se serait-il arrêté?

Oh! c'est consciemment maintenant que je te crie grâce et pardon, monument que l'on nomme mystère, et que pourtant le premier livre de Moïse nous montre, dès le commencement de la vie humaine, si peu mystérieux!

O corps sacré, il m'est impossible, néanmoins, de te contempler sans étonnement, sans terreur et sans surprise. Le mystère, pour moi, n'est pas dans la difficulté du fait, il est dans l'abaissement du fait même. Que tout autre que le Fils de Dieu, que l'Eternel coexistant au Père, se soit donné ou ait été donné dans cette forme, je puis le concevoir et le comprendre; mais que le Verbe, la vérité, la vie, la sagesse et la lumière, se soit abaissé jusqu'à cet ensemençation de lui-même dans des natures si fragiles, si ingrates et si contradictoires, voilà le le heurt pour mon âme et l'invincible obstacle pour mon cœur!

Que l'univers se prosterne avec nous pour t'adorer, ô corps sacré qui, vivant réellement dans l'unité divine de la coupe éternelle que nous possédons, nous fait de rien quelque chose! Gloire à toi, ô coupe bénie et adorée dans laquelle vit pour tous et à jamais le sang qui, d'une partie de la nature adamite, nous forme et nous transforme en celui qui a créé Adam! Salut! que nos têtes s'inclinent adoramment et que nos voix ne forment qu'une seule et même voix pour crier aux siècles, aux morts et aux vivants : Amour éternel, dans une éternelle reconnaissance, au pain divin de l'Eucharistie et à la coupe vivante, inséparable et sacrée de la vie eucharistique. *Amen, amen. Alleluia, alleluia, alleluia.*

OFFRANDE DU PAIN.

Eternel Dieu, nos mains s'élèvent en te présentant ce pain par l'unification et l'humaine ténuité duquel nous confessons ton pouvoir suprême, la multiplicité de ta puissance et l'adorable unité de ton essence. Fais de ce pain l'aliment nouveau dont a besoin notre double vie, angélique et humaine, afin que nous soyons toujours prêts et toujours prompts à confesser l'indissoluble unité de cette auguste Eucharistie, dans le monument de laquelle le pain et le vin, consacrés divinement, contiennent pour nous réellement le corps, le sang, l'âme et la divinité de ton Fils unique Notre Seigneur Jésus-Christ. *Amen.*

OFFRANDE DE LA COUPE.

O toi, dont la miséricorde et la bonté sont plus élevées que les cieux, Dieu tout-puissant, vérité éternelle, nous te présentons et nous t'offrons cette coupe dans laquelle nous avons versé le vin de notre alimentation terrestre; donne-lui, nous t'en conjurons, la propriété que ta toute-puissance seule peut lui donner, afin qu'en le buvant notre double nature se réjouisse dans notre unique personnalité.

Que nos âmes et nos cœurs s'éveillent sous la puissance invisible qui émane sans cesse de ton droit divin, et que, transformés comme ce que tu transformas du corps vivant d'Adam, nous soyons tous en esprit et en vérité un seul et harmonieux amour, une seule et glorifiante charité. *Amen.*

PROFESSION DE FOI.

Avec l'apôtre saint Jean, je crois, Seigneur, que vous êtes amour! Je crois que toutes les perfections qui sont en vous sont toutes également infinies et suprêmes. Je crois que rien ne peut vous borner, vous affaiblir, ni vous impossibiliser. Je crois que plus nous nous rapprochons de vous, en fixant cette si admirable définition de : Inneffable Nature, il nous est possible de nous former à mieux et plus parfaitement reréfléchir ce que vous vous êtes plu à rendre communicable dans l'ordre transmissible de vos souveraines ineffabilités. Je crois qu'aujour=d'hui il nous est plus complètement possible d'éta-blir en nous l'idée et le sentiment même de ces augustes ineffabilités par la clarté desquelles vous avez toujours voulu vous faire connaître. Je crois que la divine Eucharistie dont il vous a plu de nous enrichir, par l'amour même de votre divin Fils Notre Seigneur Jésus-Christ, nous est le fait et le moyen par la toute-puissance desquels nous pouvons arriver, après vous avoir aimé sincèrement de tout notre pouvoir humain, à vous aimer ensuite immensément jusqu'à l'état divin! Je crois donc, ô suprême, ô ineffable amour, que, tout impénétrable que vous êtes essentiellement, il nous est possible, par la double plénitude de l'amour que nous vous offrons et par la fidélité que nous mettons à conserver celui par lequel vous nous répondez, d'arriver à pénétrer, quelles qu'en soient les étonnantes profondeurs, les solennelles manifestations par lesquelles il vous convient de nous prévenir ou de nous gratifier.

O amour trois fois ineffable, c'est ta suprême plénitude, c'est ta permanente avance, c'est ta maîtrise divine qui sont et qui constituent pour nos trop faibles appréciations, la plus renversante attestation de ton mystère. Ah! pourtant, tu nous parles si magnifiquement et si éloquemment dans cette grande et permanente prédication de la nature extérieure; tu nous fais depuis longtemps déjà disséquer tant de lois qui nous semblaient même ne pas pouvoir exister! Oh! je le crois, amour divin, nous approchons d'une grande phase, d'une grande ère, où tous les enfants des hommes s'assiéront au grand festin préparé pour eux, dès le commencement, par ton ineffable miséricorde, fête sacrée où ton auguste présence sera l'adorable solution de ces innombrables et désolants problèmes, que l'ignorance, le doute, la vanité et la systématique négation, se sont plu à produire contre ce monument divin, dans la grâce et la vie duquel le dominant égoïsme devait nécessairement entrevoir sa ruine!

Oh! je le crois; tu ne te riras pas de nous, amour aussi généreux que tu es immense; tu nous couvriras tous de ta pitié divine, et de cette voix qui est tout à la fois lumière et pardon, tu nous diras: Vous croyiez à des êtres qui donnent sans cesse hors d'eux-mêmes sans éprouver jamais aucune diminution; le soleil et quelques fragments de charbon suffiront alors pour attester que nous trouvions tout simple de refuser à la puissance de leur Créateur ce qu'ils nous démontraient leur être possible chaque jour.

Tu nous demanderas si nous croyions à des êtres qui pouvaient être partout à la fois, et le fluide électrique témoignera que cette illimitable puissance d'ubiquité, que nous avons été forcés de lui reconnaître, lui a été donnée par celui qui, en vertu de la toute-puissance de son amour, est aussi partout à la fois pour sustenter, consoler et encourager ceux qu'il a appelés à communier avec lui. Oh! oui, intelligent et miséricordieux amour, tu nous demanderas encore si nous croyions que des corps très pondérables, vus, touchés et palpés pouvaient devenir invisibles à nos yeux, inappréciables à nos sens, et être transportés ainsi invisiblement. Un de nos chimiste se lèvera et nous l'entendrons dire : Que de fois n'ai-je pas placé une coupe de plâtre auprès d'une coupe d'agathe et, remplissant d'eau ces deux coupes qui ne se touchaient pas, je faisais plonger dans l'eau quelques filaments d'amiante,

puis, les soumettant à l'action de deux fils voltaï-
ques, après un peu de temps, je trouvai dans la
coupe d'agathe une forte solution de chaux, et
dans la coupe de plâtre de l'acide sulfurique, ce qui
était une preuve évidente que la matière de plâtre
avait été décomposée et que la chaux avait passé
sous une forme *invisible* d'une coupe dans l'autre.

Oh! pardon, mon Dieu, d'oser entreprendre, à
votre autel même, la démonstrative justification
de ce pouvoir souverain que la faiblesse des hommes consent à reconnaître dans l'attestant témoignage des choses naturelles, mais qu'ils se croient
en droit de nier quand il s'agit de votre amour.

O tout-puissant et aimant amour, je le dis, je le
confesse, je l'affirme, je le proclame; l'amour seul
te croira, te comprendra et ne s'étonnera que d'une
seule chose, c'est que l'on puisse vivre sans te chercher, sans te croire, sans te vouloir, sans t'aimer
et sans t'adorer. *Amen. Alleluia, alleluia, alleluia.*

PRÉPARATION

a la consécration déprécatoire.

Esprit saint, ô puissante et inaltérable lumière, à vous seul appartient de fondre les ombres que le péché a étendues lui-même sur le sens si précieux de notre vue. Brûlez le voile qui est sur nos yeux afin que nous nous retrouvions dans cet état qui nous permettait, aux jours de notre vie originelle des cieux, de voir avec les inénarrables majestés de votre clarté souveraine, les non moins éclatantes merveilles de votre amour! Vous êtes la source intarissable et féconde qui éclaire tous les esprits, et ceux qui ont le cœur rempli de bonne volonté s'éprennent de la grâce harmonieuse de vos conseils.

Ah! nous vous en supplions, aidez-nous à nous rapprocher de vos régénérantes vivifications, et faites que par elles nous nous attachions, de plus en plus, aux témoignages si consolants de votre amour.

Frères, élevons nos regards vers celle qui est créditée par tant d'affirmations suprêmes, notre douce et maternelle protection, notre défense et notre secours. C'est des hauteurs de Sion que l'Esprit de vie aime à faire descendre sur les enfants des mortels ses grâces ineffables de force et de courage. O Mère de pitié et d'intime reconnaissance, levez en ce moment vos mains si pures sur nous et sur l'ensemble de nos frères. Offrez à celui qui n'a jamais cessé d'espérer en vous, la solennelle protestation que nos cœurs et nos âmes viennent prononcer dans ce provictimal sacrifice, contre l'ingrate et sacrilége violation de la divine alliance eucharistique, dont l'amour ineffable du divin Rédempteur s'est plu à nous enrichir. O très sainte et très immaculée Mère, obtenez à notre cœur qu'il mette autant d'ardeur, autant de reconnaissance, désormais, à adorer et à glorifier l'auguste et suprême unité eucharistique qu'il a mis d'indifférence à la voir scindée et mutilée comme elle l'est, hélas! depuis si longtemps!

Que par votre très sainte et très maternelle intercession, ô Marie, notre foi, notre respect et notre amour eucharistiques ne cessent jamais d'être la glorification solennelle du pain et du vin qui constituent inséparablement la vérité et la vitalité du monument eucharistique; que par une prière constante, par de cordiales et permanentes supplications, nous puissions forcer le ciel à rétablir, dans toute la société chrétienne, ce que son ineffable bonté a rétabli déjà, depuis quelques années, au milieu de nous. *Amen.*

Maintenant j'ouvrirai ma bouche, ô Eternel, pour implorer, au nom de tous, ta divine grâce; mes lèvres se réjouiront de servir à prononcer les saintes paroles que tu fournis toi-même aux besoins expansifs de notre reconnaissance; ma langue dira toujours avec bonheur ce qui sera capable de mieux peindre ton amour. Je ne chanterai pas en ta présence aujourd'hui, et mon Verbe ne portera pas à l'assemblée des anges et des saints, qui peuplent tes resplendissantes demeures, les joyeux accents de ces cantiques dont nos jours de fêtes ont été gratifiés. Comment se pourrait-il que nous fassions entendre des chants d'allégresse, nous qui venons pleurer sur ces malheureux jours où nous ne faisions qu'une même voix avec ceux qui nous habituaient à violer la sainte et auguste unité de l'alliance éternelle, que le grand Verbe de l'Evangile ne cessait pourtant de nous crier avoir été instituée pour demeurer toujours inviolable! En effet, nous lisons au livre sacré ces divines paroles :

« Si vous ne mangez la chair du Fils de l'homme et si vous ne buvez son sang, vous n'aurez point la vie en vous! Celui qui mange la chair du Fils de l'homme et qui boit son sang a la vie en lui, et il ne mourra point! La chair du Fils de l'homme est vraiment une nourriture, et son sang est réellement un breuvage. »

Mon Dieu, comme les enfants d'Israël, nous sommes forcés de nous écrier devant la profanation à laquelle, si longtemps, nous prîmes part; Oh! sans doute, nous étions liés au péché de nos pères pour que ces textes lumineux, conservés par l'apôtre saint Jean, n'aient produit pour nous qu'une épaisse et successive obscurité!

La chair du Sauveur est vraiment une nourriture, et son sang est réellement un breuvage!

Impossible de se méprendre : une part de la divine Eucharistie se mange et l'autre doit incontestablement se boire! Une part du monument de vie est vraiment un aliment qui nourrit, et l'autre part est réellement un breuvage qui fortifie.

Le divin testateur l'a prouvé lui-même d'une manière qui ne permet aucune controverse : « Prenez et mangez, dit-il, ceci est mon corps qui est *donné* pour vous, mais non qui est *mort* pour vous. » — Puis aussitôt, prenant la coupe remplie de vin, il continue l'acte suprême, la divinisante institution : « Buvez tous à cette coupe, car ceci est mon sang, le sang de la nouvelle alliance, qui *sera* répandu pour la rémission des péchés », ce qui prouve qu'il ne l'était point encore, nous l'affirmons de nouveau en votre divine présence, ô mon Dieu!

La communion eucharistique du corps et du sang du Sauveur n'est pas un monument de mort, mais une assurance, une garantie, un triomphe de la vie sur la mort. Par cette communion, nous annonçons que l'amour du Seigneur l'a conduit à se donner à nous dans sa vie, pour nous préparer aux bénéfices et à la reconnaissante promulgation de son consentement à la mort. La vie agit différemment que la mort, la vie en Jésus-Christ est un banquet dans lequel l'être se développe, s'étend, se fortifie, se justifie et s'immensifie! Le banquet de la mort, nous savons ce qu'il est : le solde du péché. La mort prend nos corps et les sert en pâture à tous les règnes mortels de la nature; la terre reprend ses droits!

La vie eucharistique se transforme et transforme. Elle vivifie, elle illumine, elle éternise!

O Seigneur, vous êtes la prévoyance même! Après le grand et salutaire sacrifice de notre aimant Rédempteur, l'apôtre saint Paul se place entre le fait accompli de la divine Eucharistie et l'ignorance de ceux qui n'osent peut-être pas encore s'élever jusqu'au bonheur de le comprendre. Que chacun de vous, dit-il aux insouciants bénéficiaires de la communion avec la vie éternelle, « que chacun de vous s'éprouve lui-même, puis ensuite qu'il mange de ce pain et boive de ce calice ».

Ah! c'est que, communiant avec Jésus-Christ

votre divin Fils, dans la vie manifestative avec laquelle il a établi cet indicible moyen divinisateur, nous communions avec la pureté et les affinités conservatrices qui tempèrent les affadissements, les défaillances, les viciations particulières et générales engendrées, dans notre chair et dans notre sang, par le péché. En communiant avec Jésus-Christ et de Jésus-Christ même, nous entrons en participation immédiate avec toutes les vertus et toutes les saintetés possibles. Communiant avec Jésus-Christ et de Jésus-Christ avant sa mort, nous communions avec tous les généreux dévoûments, avec tous les magnanimes courages, avec la véritable liberté dans la vie et dans la mort; nous communions avec tous les grands ordres de la nature, avec toutes les universelles obéissances; nous communions avec tous les anges pour les glorifier, pour nous les rendre propices; nous communions avec tous les saints pour achever le diadème de reconnaissance unionelle qu'ils ont commencé; nous communions avec tout ce qui souffre pour approcher près de toute souffrance et de toute douleur, non une médiation et une consolation éphémère, mais une guérison et une consolation radicales et divines! Nous communions avec Marie et nous devenons ses fils sacrificateurs et sacrifiés ; nous communions avec toutes ses grandeurs maternelles, ce qui nous replace à l'état de complète possession d'une humanisation véritablement universelle.

Ah! pain divin, avec toi, nous élevons toute la pâture matérielle à l'auguste transformation de substance spirituelle!

O coupe sacrée, ô vin vivificateur, en communiant avec toi, nous rapprochons, par ta suprême et éternelle fermentation, notre terre des cieux, les abymes des plus hautes splendeurs, et nous fondons la mort dans la vie.

Avec toi, ô pain divin, nous communions de corps à corps et avec tous les corps, d'âmes à âmes avec toutes les âmes. Avec toi, ô coupe d'amour, ô dilectante ambroisie, nous communions d'esprit à esprit, et avec tous les esprits. Avec toi, unité adorable de la vie eucharistique, nous communions directement avec Dieu, et avec tout ce qui plaît et peut être aimé de la divinité!

Je puis donc maintenant, ô vie eucharistique et trois fois sainte, assurer à mes frères et à moi-même que, non-seulement nous allons être entendus des anges, mais que Dieu lui-même va agréer et glorifier la consécration que nous allons prononcer sur les mortelles et timides offrandes, figurées par ce pain et par cette coupe. C'est pourquoi nous allons fléchir nos genoux, comme si nous étions présents devant son trône, et, sans trembler devant les innombrables archanges qui l'entourent, nous dirons aussi solennellement et aussi véritablement qu'eux :

Saint, saint est le Seigneur! Saint est son nom, trois fois sainte est sa parole! C'est à nous, comme à nos pères, qu'il a dit : « Réjouissez-vous, je ne violerai pas ma promesse, et je ne rendrai pas inutiles les paroles qui sont sorties de mes lèvres! Je vous conserverai ma miséricorde! Si vous êtes fidèles à garder l'alliance que je vous ai proposée, vous fleurirez comme le palmier, et vous vous multiplierez comme le cèdre du Liban. *Amen.*

CONSÉCRATION DU PAIN.

Que ce pain soit par la grâce de Notre Seigneur Jésus-Christ ✠, et par les mérites de sa passion, le monument impérissable de notre action de grâces, et le pain substantiel de notre angélité reconnue!

CONSÉCRATION DU VIN.

Par la toute-puissante vertu de l'amour qui nous est offert dans la divine alliance de Notre Seigneur Jésus-Christ, que ce vin soit changé en ferment immortel ✠, afin que, buvant à cette coupe, nous y trouvions tous l'unité de force nécessaire au labeur de notre régénération.

Que ce pain ✠ et ce vin ✠ soient la nourriture de tout notre être, et l'hostie ✠ vivante de notre sacrifice, pour que nous trouvions en elle, dans le désert où nous ont jetés nos pasteurs, tout ce que s'est proposé, dans sa divine alliance avec nous, celui qui est venu, au nom de son Père, établir le saint esprit d'une égalité et d'une fraternité qui, ayant commencé dans son amour, doivent se continuer éternellement dans le recouvrement de la pure et première nature de notre création angélique. *Amen, amen, amen.*

POUR LES MORTS.

Seigneur, que le pain de notre supplication et la coupe de l'amende honorable, que vous avez agréés en vue de la réparation que nous fondons aujourd'hui à l'honneur et à la gloire de la divine alliance eucharistique dans sa suprême et indissoluble unité, soient pour tous nos morts un pain de secours et de délivrance, ainsi qu'une coupe de consolation et d'allégresse; nous vous en conjurons par tous ces vivants témoignages eucharistiques qui nous couvrent et nous entourent. *Amen, amen, amen.*

Adorable et suprême amour de Jésus-Christ, nous t'adorons tout particulièrement dans le fait divin de l'auguste unité eucharistique, constituée par le pain que tes toutes-puissantes paroles ont changé en ton corps adorable, et par le calice qu'elles ont si vivamment divinisé.

O amour inouï, nous nous donnons à toi, comme nous te supplions de te donner à nous!

Que cette communion réserre, par des liens nouveaux, notre volonté fixe d'être de vivants réparateurs à la gloire de cet amour et de cette miséricorde qui nous sont sans cesse offerts dans le pain et dans le vin de la divine eucharistie. *Amen.*

COMMUNION DU PAIN.

Que cette part de notre sacrifice active en nous la vie du sacrifice.

Je boirai à la coupe des forts; j'activerai la soif de mon âme par le vin éternel de la charité; j'adorerai mon Dieu par les mérites divins de son sang précieux, et mon esprit confessera à jamais la grâce du salut que lui assure l'infinie miséricorde du Seigneur. *Amen.*

COMMUNION DE LA COUPE.

Que nos cœurs reçoivent par cette coupe la grâce et la vie de la charité.

PREMIÈRE ACTION DE GRACES.

Que vous êtes bon, Seigneur. Vous avez non-seulement agréé notre fraternelle offrande, mais, par cette grâce infinie qui n'appartient qu'à votre amour, vous avez substitué à la trop réelle insuffisance des victimes, l'auguste et méritante victimalité de votre divin Fils. Que mille bénédictions montent vers toi, ô Sauveur des hommes, ô le plus ineffable et le plus glorieux amour! Comment t'adorerai-je maintenant chair sainte, pure, chaste et sacrée de mon Sauveur; chair formée dans le vivant tabernacle de la Fille du Très-Haut! Je veux qu'en t'adorant, mon cœur et mon âme s'affament de tes propriétés salutaires, incorruptibles et régénérantes.

O vin, qui devient le sang formé par le sang même de la mère de mon Dieu, je veux que mon esprit, mon âme et mon cœur s'altèrent intelligemment, amoureusement et ardemment de l'immortalité et de la glorifiante divinité que tu communiques. Que maintenant, et jusqu'à l'arrivée du véritable Roi de gloire, nous ne cessions jamais de répéter ce cri qui fit tant de martyrs et tant de bourreaux dans l'eucharistique Bohême : « Rendez aux enfants du Seigneur la coupe divine de son alliance, afin que partout elle soit dispensée et adorée. » Réponse générale : *Amen, amen, amen.*

BÉNÉDICTION.

Que la grâce de l'amende honorable, que nous venons de voir agréer par Notre Seigneur Jésus-Christ dans la dispensation du pain et de la coupe auxquels nous avons pris part, nous soit à tous et pour tous une sainte, relevante et justifiante bénédiction, animant en nous la joie et le bonheur de faire partager à nos frères la miséricordieuse et ineffable faveur dont chacun de nos jours sont si généreusement gratifiés.

Au nom du Père et du Fils et du Saint-Esprit. *Amen.*

DERNIÈRE ACTION DE GRACES.

O Jésus-Christ, ô mon bon et miséricordieux Sauveur ! c'est à vous que se rapportent, assurément, les saintes paroles du psalmiste, lorsqu'il s'écrie : « Heureux l'homme que vous instruisez vous-mêmes, heureux celui à qui vous apprenez votre loi! » Tout ce qui vient de vous est vérité et justice; la connaissance de vos décrets rend notre cœur plus stable et plus confiant. Tout ce que vous avez voulu, et tout ce que vous voulez, n'est que pour nous établir plus certainement dans la si favorable puissance qui naît de votre amour. Non-seulement vous aimez que nous sachions que votre divine miséricorde nous a rachetés, mais vous voulez que nous comprenions l'immense et consolant bienfait de l'éternelle alliance que vous avez si prévenamment mis à la disposition de chacun de nos cœurs. Non-seulement toute la nature humaine est nécessairement conviée à la solennité et à la gloire de cette divine alliance, mais toutes les lois de la nature universelle y sont saintement intéressées.

Le pain que le Seigneur daigne changer en son corps adorable est semé, soigné, coupé, battu, moulu et manipulé par l'homme. Il n'est pain, qu'imprégné de tous les arômes et de tous les fluides de la vie humaine, et souvent quelle vie! Le vin est aussi tout saturé de l'action des intérêts et des lucratives espérances de notre vie humaine. Le choix seul que le divin Sauveur en a daigné faire semble en être déjà la plus manifeste purification. Dès l'instant où Jésus-Christ daigna faire ce choix si consolant pour nous, il entrait dans la correspondance sanctifiante de notre labeur, de nos sollicitudes, de nos transactions et de tous nos rapports sociaux. En prenant le pain et le vin, qui servent chaque jour à notre nourriture corporelle, il nous prouvait le respect et la considération sainte qu'il avait pour nos corps. Dès lors, ce très aimant et très miséricordieux Sauveur, sacramenta, dans chaque corps substantiel qu'il choisissait pour constituer sa vivante et éternelle alliance eucharistique, notre double substance spirituelle et corporelle.

Le pain et le vin, sanctifiés et divinisés ainsi, perdaient nécessairement leur viciation imposée par notre première et continuelle révolte : les malades devaient y trouver la seule et parfaite guérison ; les faibles, la force pure et réelle ; les aveugles, la vraie et régénérante lumière; les affligés, la douce et relevante consolation ; les pécheurs, cette sanctification qui prévient, qui affermit, qui dirige et qui guide; les justes, le moyen le plus parfait pour édifier, attirer et encourager ceux qui sont encore inconscients de la véritable justification.

Dans la divine Eucharistie, ô bon et divin Jésus, nous désanimalisons la part de notre vie qui, trop souvent hélas, est bien plus animale qu'il n'appartient à notre nature.

Oh! c'est avec un ineffable bonheur que nous pouvons dire avec le roi-prophète : « Votre autel, Seigneur, est maintenant une table dressée devant moi contre tout ce qui me tourmente, et je trouve dans votre calice une grâce admirable qui, tout à la fois, me réjouit et me captive! » Ces autres paroles sont bien saintement réalisées : « Les enfants des hommes seront un jour enivrés de la suprême abondance dont l'Eternel a enrichi sa maison, et c'est alors qu'ils boiront à la coupe de ses délices. »

Vous avez pris le pain de la terre, ô Seigneur

notre Dieu, et du vin qui réjouit le cœur de l'homme, vous en avez fait un monument d'intime consolation et la visibilité de votre alliance éternelle. Oh! merci, Seigneur! merci, Dieu bon! En sortant de votre tabernacle notre cœur peut s'écrier avec une raison bien plus divine que Salomon dans son Cantique des cantiques : « J'ai bu du vin de ses celliers immortels et j'ai senti mon cœur tout brûlant du feu divin de son éternel amour. »

Saintes et glorieuses paroles de Zacharie, j'aime à vous entendre et à vous lire. Il ne pouvait vous comprendre comme nous, ce peuple à qui vous disiez si solennellement : « Qu'est-ce que le Seigneur peut donner de plus excellent à ceux qu'il aime, sinon le froment des élus et le vin qui fait germer les vierges? »

La coupe sacrée de la divine Eucharistie nous transforme en celui qui est la source féconde et éternelle de la véritable toute-puissance. De même qu'une goutte d'eau mêlée à une certaine quantité de vin se trouve convertie en vin par l'empire dont la couvrent, à nos sens, la supériorité et l'étendue de la substance à laquelle elle est unifiée, de même aussi, ce n'est pas nous qui convertissons en nous l'auguste Eucharistie, ainsi que nous faisons des choses mortes que nous mangeons; mais c'est elle, c'est Jésus-Christ qui nous convertit en Lui, *parce qu'il est vivant* et immense! C'est pour purifier et immortaliser notre corps que nous mangeons la chair du Fils de l'homme, de l'Homme-Dieu; c'est pour sanctifier notre âme que notre vie est appelée alors à s'unir à sa vie divine. C'est pour nous rapprocher des ineffabilités suprêmes du bonheur éternel que nous buvons dans la coupe sacrée ce sang divin qui, des plénitudes souveraines de son adorable humanité, nous emporte et nous unit aux toutes-puissantes affinités de son auguste et éternelle divinité.

Gloire à vous, ô Jésus-Christ; gloire à vous dans la divine Eucharistie! Gloire à vous dans l'union inséparable et éternelle que vous nous avez donnée pour être notre vie avant de nous donner pour Mère la très pure, très sainte et très immaculée Marie, votre très divine Mère. *Amen, amen, amen.*

SACRIFICE PROVICTIMAL

DE L'HEURE SAINTE A JÉSUS-CHRIST

POUR LE DEUXIÈME JEUDI DE CHAQUE MOIS.

En arrivant au pied de l'autel :

Au nom du Père et du Fils et du Saint-Esprit. *Amen.*

Nous voici donc, ô mon Dieu, dans ce sanctuaire que vous avez daigné choisir vous-mêmes. Nous y voici, non comme des étrangers qui viennent s'humilier devant leur dominateur et leur maître, mais comme une famille aimée, heureuse qu'il lui soit permis de s'approcher souvent de celui qui seul fait son bonheur, et qui l'a élevée jusqu'à la gloire de porter son nom.

En entrant dans ce lieu, nous avons adoré votre divine présence et nous nous sommes réjouis en pensant que c'était votre ineffable miséricorde qui nous y attirait. Lorsque nos regards se sont arrêtés sur cet autel agréé et béni par vous, notre cœur a compris que votre amour lui-même était le principal élément qui nous en approchait. Que vous êtes bon, Seigneur, de prévenir ainsi vos pauvres créatures !

O vous tous qui êtes avec nous dans un même esprit de foi et de juste reconnaissance; vous qui venez unir à l'offrande pour laquelle nous nous préparons l'offrande de vous-mêmes; vous, enfin, dont le cœur en ce genre de sacrifice ne fait qu'un avec les nôtres qui vont servir l'implorante sacrificature dont nous avons été gratifiés, ne soyons tous qu'un même Verbe pour crier à l'Eternel, à l'infinie Miséricorde : O Dieu bon et clément, depuis que nous sommes éclairés de ta divine lumière, les peines de nos frères, leurs maux, leurs malheurs sont devenus les nôtres. Mais, tu le sais, Seigneur, nous avons été si longtemps dominés par la loi des contradictions humaines, notre vie s'est trempée tant de fois dans le fleuve de la générale transgression; fais, maintenant, nous t'en conjurons, que, dans le sacrifice de justice et de réparation que nous nous disposons à t'offrir, nos âmes réfléchissent toutes ces prévenances augustes et paternelles dont nous les avons détournées si souvent. Nous t'en supplions, ô le meilleur des pères, éclaire jusque dans leurs derniers replis, nos consciences empreintes encore si fortement des ténèbres dont notre si longue ingratitude les a couvertes tant de fois! *Amen.*

Vous connaissez, ô bonté suprême, la grande, la sainte pensée qui nous rassemble et nous domine. Les cieux, dans leurs élévations suprêmes, nous semblent seuls dignes de contempler un tel sujet, un tel prodige! Mais, ô divine et pénétrante lumière, c'est pour nous, c'est sur notre terre que s'est réalisé, que s'est accompli ce fait inouï de dévoûment et d'amour devant la sainte commémoration duquel nous sentons maintenant si douloureusement la faiblesse et l'accablante aridité de notre cœur! Nul ne sait aimer, ni n'aime comme vous, Dieu d'infinie bonté et d'ineffable miséricorde! Plus nous semblons mettre de soins et d'adresse à consolider l'échafaudage de notre abaissement et de notre ruine, plus il semble que vos compassions paternelles deviennent plus ingénieuses pour nous relever et nous sauver.

Dans les premiers jours où commençait à se former l'humble et timide berceau de cette grande œuvre que tous vos envoyés célestes saluaient du nom si consolant et si doux d'Œuvre de Miséricorde; avant que la chère vallée de Tilly vît passer dans ses chemins rugueux et solitaires ceux qui l'avaient tant de fois réjouie du chant de leurs hymnes et de leurs cantiques; avant que le vent de désolante dispersion n'ait emporté, loin de ce pieux sanctuaire, comme les débris d'une impitoyable tempête, ces frères et ces sœurs que vous aviez établis les vivants témoignages de vos plus miséricordieuses opérations, votre bonté tout ineffable les avait assurés que, chaque semaine ils pouvaient purifier, sanctifier et glorifier toutes les heures compromises de leur passé, et attirer, sur toutes celles qu'il leur restait à servir, une surabondance de grâces nouvelles, reversibles sur l'ensemble de celles qui appartenaient au passé, au présent et à l'avenir de leurs frères. Pour cette grande épuration du passé, ainsi que pour cette heureuse garantie du présent et de l'avenir, vous leur aviez désigné une heure, chaque mercredi soir, pour être consacrée à méditer, de onze heures à minuit, sur les si douloureuses considérations qui abymèrent le cœur de notre immaculée Mère, lorsque vous lui fîtes comprendre que le temps était venu pour son divin Fils de se donner sans réserve au plus cruel et au plus effrayant des sacrifices! Vous leur fîtes également connaître la miséricordieuse importance que vous attachiez à la dévotion qu'ils pouvaient mettre à s'unir aux souffrances qui, de onze heures à minuit, après l'institution de la divine Eucharistie, avaient déchiré l'âme et le cœur de votre divin Fils, jusqu'à le faire tomber dans trois indescriptibles agonies. Oh! sans doute, sagesse divine, ceux à qui vous vous étiez adressée alors, n'avaient pas assez bien compris la hauteur et la profondeur méritantes de ces grâces nouvelles. Vivant continuellement prévenus par les plus insignes faveurs, leurs jours s'écoulaient dans un étonnement successif; la merveille du matin semblait leur assurer une nouvelle merveille le soir, et ce qui les avait ravis ou effrayés la veille, leur semblait être la garantie de ce qui les consolerait ou les réjouirait le lendemain. La table de votre prévenance divine était toujours servie à la mesure d'un festin ; ils durent indubitablement s'endormir dans les surabondantes causes d'une heureuse et reconnaissante admiration ; et le fini de cette faiblesse, qui nous est commune à tous, ne leur permit pas de voir toute la solennelle sainteté des innombrables trésors cachés au sein de ces heures vivifiantes et bénies. O sainte et miséricordieuse prévoyance, vous avez vous-mêmes paru effacer, pour ces premiers appelés, les rites non encore déterminés de ces heures goûtées à peine, et à la sainteté desquelles nos aimés frères semblaient devoir atteindre si fervemment les sommets les plus élevés de l'amour généreux et dévoué que chacune de ces heures saintes les auraient mis à même d'étudier et de comprendre.

Sous la longue et sévère amertume des heures qui composèrent, pour vos chers proscrits, les dix années si épuisantes et si douloureuses de leur exil, vous semblez avoir agi avec eux comme vous agîtes autrefois avec les enfants d'Israël dans leur désastreuse captivité de Babylone ; toutes leurs semaines vous furent une incessante continuité d'heures de gémissements et de larmes! Vous prîtes en considération leur malheur, et vous donnâtes à la continuité de leur souffrance, tant qu'ils ne cessèrent pas de vous les consacrer, le prix que vous auriez donné aux libres et ferventes méditations, ainsi qu'aux pieuses études par lesquelles vous leur aviez donné le moyen d'embellir et d'augmenter encore la sainteté des jours qu'ils passaient naguère au sein de cette paisible vallée où votre tendresse paternelle les avait si miséricordieusement réunis.

Aujourd'hui vous revenez à nous, et, maître souverain du temps et des heures, vous nous rendez, dans le Sacrifice Provictimal, déjà si saintement agréé par vous, cette surabondance de grâces méritantes que vous promîtes, dans la chère vallée de Tilly, à ceux que vous constituâtes alors, au bénéfice de toute l'humanité et de toute la terre, des adorateurs et des supplicateurs permanents!

En remettant, aujourd'hui, sous les regards de notre cœur les méritantes affinités de ces glorieuses considérations qui constituent l'heure sainte, sanctifiée par les trois agonies de notre divin Maître, ainsi que celle qui vous fut si précieuse par tout ce que vous offrit et accepta la divine Mère de notre bon Sauveur, ô bonté souveraine, vous ne nous assignez que le premier mercredi de chaque mois pour unifier nos cœurs plus fructueusement aux déchirantes unifications du cœur de notre immaculée Mère, dans la part si douloureuse qu'il prit aux amères souffrances du cœur sacré de son divin Fils; vous nous désignez seulement le second jeudi du même mois pour former nos cœurs à compatir plus intelligemment et plus efficacement à ce qu'endura, dans la grotte silencieuse de Gethsémani, la nuit qui précéda sa mort, notre saint et très aimant Rédempteur. Vous laissez à notre ferveur et à notre dévotion, toutes les heures qui suivent, jusqu'à minuit, la quatrième de l'après-midi des précieux jours que votre si généreux amour veut lui-même condescendre à nous indiquer.

Soyez béni, Seigneur, et que la grâce que vous daignez si miséricordieusement nous rendre, accompagnée de la forme nouvelle qui doit nous en rendre l'obtention et l'édification si facile, nous serve premièrement à vous en glorifier plus parfaitement et plus saintement que jamais. *Amen.*

CONFESSION.

Avant d'entrer, Seigneur, dans le saint esprit de ce nouveau témoignage de votre suprême amour, nous nous sentons invinciblement portés à vous crier grâce! Ah! oui, Père très saint, pardonnez-nous l'indifférente imprévoyance à laquelle nous nous abandonnons toujours si facilement!

Pardonnez-nous pour n'avoir pas supplié chaque jour votre infinie bonté de remettre aux besoins de notre piété filiale ce qui, autrefois, fut une si heureuse étude et une si prévenante consolation pour ceux qui habitaient votre vallée sainte.

Grâce, grâce, ô miséricordieuse Toute-Puissance, ne nous laissez pas nous relever sans avoir l'heureuse certitude que vous nous pardonnez notre passé, les solidarités qu'il n'a pas satisfaites et qu'il a empêché les autres de satisfaire. Daignez nous assurer votre aide protectrice et secourable pour mieux et plus saintement vous glorifier dans l'avenir, s'il vous plaît de nous en gratifier.

Anges des cieux commis à notre garde, saints patrons qui fûtes appelés au témoignage des grâces baptismales dans l'excellence desquelles nous devions être à notre tour, et selon l'ordre de la génération à laquelle nous appartenons, la visibilité de notre divin Maître, qui était lui-même celle de son Père, ainsi qu'il l'affirmait à ceux qu'il fit ses envoyés.

Bon saint Joseph, cœur plein de pureté, de glorifiant labeur et de sainte modestie, Vierge auguste, sans tache et toujours environnée des plus sublimes vertus dans l'ordre éclatant desquelles vous admirent et vous saluent les grands archanges de la droite de Dieu, aidez-nous de vos gracieuses médiations pour que nous obtenions,

15

de celui qui nous a été donné comme divin Médiateur de mérite, de justice et de remission, que toutes nos transgressions, nos désordres et nos péchés soient, selon que nous le promet la sainte Ecriture, dissipés comme un nuage et anéantis comme une nuée.

Au nom du Père et du Fils et du Saint-Esprit. *Amen.*

Les Pontifes qui accompagneront le célébrant, et qui auront reçu l'auguste investiture du pontificat divin, se lèveront, et, les mains étendues sur la tête du célébrant, ils diront :

Unis d'esprit et de cœur à la prière que nous venons d'entendre, nous nous levons dans l'adorable sainteté de notre ministère et nous vous affirmons, au nom des mérites divins du sang rédempteur de Notre Seigneur Jésus-Christ, par toutes les grâces relevantes de sa mort, ainsi que par toutes les suprêmes espérances que nous donne sa résurrection, que toute la souillure de vos heures passées, toutes les désobéissances de votre esprit, toutes les transgressions de votre âme et tous les péchés de votre cœur, ne sont plus! Levez-vous, l'Eternel ne vous voit plus que dans la grâce ineffable et sanctifiante de son pardon.

Au nom du Père et du Fils et du Saint-Esprit. *Amen*.

A vous, Pontifes, mes frères; à vous tous aussi qui avez uni votre prière à ma prière, votre espérance à mon espérance, au nom de celui qui a reçu la confession de mes péchés et qui m'en a conféré le pardon par le ministère et par le cœur des Pontifes qu'il a lui même consacrés à l'abondante dispensation des trésors infinis de son œuvre de miséricorde, je vous affirme que le Seigneur vous pardonne et vous réconcilie à lui par le même amour avec lequel il se réconcilie à vous, couvrant ainsi toutes les heures défectueuses de votre vie des mérites rédempteurs, régénérateurs et sanctificateurs de la vie, de la passion, du sang et de la mort de son divin Fils, Notre Seigneur Jésus-Christ. Que vos anges gardiens, vos saints patrons, les âmes qui vous ont été affinitaires, les esprits créés dans la vie manifestative de vos affinités, ainsi que les grands archanges de la droite du Seigneur, saint Joseph et notre très sainte et très immaculée Mère, entendent, dès maintenant, pour en glorifier tout particulièrement aujourd'hui la miséricordieuse clémence de l'Eternel, ces paroles divines et sacrées : Soyez en paix, vos péchés vous sont remis.

Au nom du Père et du Fils et du Saint-Esprit. *Amen.*

ACTION DE GRACES.

Qui donc peut vivre sans t'aimer, ô bonté éternelle, ô clémente miséricorde! En qui l'homme trouvera-t-il un plus saint appui, une plus généreuse prévoyance! Les hommes et le péché se plaisent à nous faire leurs esclaves, mais notre Dieu nous appelle à lui et il ne se montre à nous que pour nous faire connaître sa grâce libératrice nous défendant contre nous-mêmes et contre nos dangereux ennemis.

Il y a quelques instants nous étions embarrassés

et troublés au-dedans de nous-mêmes; si le Seigneur nous eût découvert sa face majestueuse, nous nous serions cachés et nous aurions eu peur de la justice qui l'accompagne.

Nous nous sommes prosternés au pied de son tabernacle, nous lui avons crié notre trouble et notre crainte, sa main droite est descendue jusqu'à nous, elle nous a pardonnés, tandis que sa gauche nous relevait et nous plaçait en son amoureuse présence! Nous nous étions tous couverts de transgressions et d'ingratitude; les compassions du Seigneur se sont unies à nos larmes et nous nous sommes trouvés tout-à coup revêtus de force, de confiance et d'espoir!

Que les anges et les saints, les habitants des cieux et le Verbe des grands mondes célèbrent avec nous la bonté, la grâce, la clémence et la miséricorde de notre Dieu. *Amen. Alleluia, alleluia, alleluia.*

ACTE D'ADORATION.

O amour de Jésus-Christ pour nous, nous nous

approchons de ces considérations suprêmes qui nous conduiront jusqu'au centre adorable de quelques-unes de tes profondeurs. Amour dévoué autant que divin, ne laisse pas nos cœurs étrangers au feu sacré qui t'anime. Nous avons reçu de celui qui veut nous apprendre à te connaître un pardon qui nous a réjouis, parce qu'il nous mettait à même de mieux t'approcher et de te désirer davantage. Ah! il y a si longtemps que tu es là, sous nos yeux, dans ces hosties divines! Il y a si longtemps que tu nous provoques et nous interroges, sans que nous ayons compris encore ce doux, ce brûlant, ce passionné langage! Aujourd'hui parle-nous, non la langue que nous parlons, mais celle que depuis tant d'années nous devrions enfin parler. Oh! oui, parle-nous, amour de Jésus-Christ, parle-nous pour que nous apprenions de toi-même à mieux, plus saintement et plus divinement t'adorer! Dis-nous ce qui te fait rester si fidèlement et si patiemment avec nous! Que veux-tu? Q'attends-tu? Que t'offrirai-je pour te répondre et te plaire? Cœur de Marie, ô cœur immaculé de ma divine Mère, tu ne peux me laisser toujours dans cette silencieuse ignorance! Amour sanctifié et sanctifiant qui nous fut donné au pied du calvaire pour nous apprendre à mieux connaître et à plus parfaitement adorer l'amour de notre bon Sauveur, le moment est venu! Les cœurs qui m'entourent, et le mien lui-même, sont pressés de présenter au Père de nos éternités et de nos espérances ce que lui offrit pour nous, la veille si sombre et si effrayante qui précéda sa mort, celui dans la justice, la sainteté et la pureté duquel il avait mis le prix de notre rédemption! *Amen, amen, amen.*

OFFRANDE DU PAIN.

Dieu éternel et éternelle Justice, oserai-je vous offrir, sous la forme de ce pain, nos corps, notre vie et l'entier service de cette organisation créée par vous pour accomplir, sur la terre de notre pénitence et de notre indispensable expiation, cette relevante et glorifiante rédemption que nous a préparée et méritée, l'amour si souverainement dévoué de votre divin Fils! Si j'avais en moi la pureté, la sainteté et la lumière qui étaient en Jésus-Christ notre Sauveur, quand, à la grotte de Gethsémani, il vous offrit, au nom de notre humanisation, son humanité sacrée, je me réjouirais dans l'auguste certitude qu'il vous serait impossible de nous refuser; mais devant vous, qui sondez les cœurs et les reins, nous ne pouvons que nous adresser à votre compassion suprême! Ce que nous savons qu'il nous est impossible d'obtenir par droit, nous avons l'adorante confiance que vous nous l'accorderez par grâce, au nom de Celui sous le nom adoré duquel nous vous en conjurons. *Amen.*

OFFRANDE DU VIN.

Ah! Seigneur, ce calice en nos mains nous rappelle celui que votre divine justice présenta à Notre Seigneur Jésus-Christ, la veille de son si effrayant et si douloureux sacrifice. Nous nous rappelons ces saintes et instructives paroles par lesquelles il répondit à l'impérieuse nécessité expiatrice que lui dictait son généreux amour, malgré les innombrables et très justes répulsions qui tourmentaient son cœur : Que ta volonté, ton droit et ta justice, dit-il, trouvent en moi, ô mon Père, une entière et solennelle satisfaction; je ne suis pas venu chez les hommes pour faire ma volonté, je suis venu pour élever l'humilité au-dessus de l'orgueil, le dévoûment au-dessus de la domination, et l'amour de l'expiation au-dessus de toutes les royautés que rêve l'égoïsme. Comme Jésus-Christ, ô Père très juste et très saint, nous vous présentons cette coupe, avec le vin qu'elle contient comme étant la symbolisation de notre sang que nous sommes prêts à donner pour la confession de votre nom, de votre miséricorde et de votre justice, ainsi que pour le bien, la consolation, le secours et la délivrance de nos sœurs et de nos frères. Agréez cette offrande, ô Dieu éternel et vivant, comme vous avez agréé celle de ce sang adorable par le prix ineffable duquel nous confessons que nous avons tous été rachetés. *Amen.*

PROFESSION DE FOI.

Nous croyons en vous Père tout-puissant, très

juste, très sage et très saint. Nous croyons que vous nous avez tous créés pour être heureux. Nous croyons que nos peines, nos souffrances, nos douleurs, nos maux, nos répressions, nos châtiments, viennent de notre abandon au péché. Nous croyons que plus nous nous attachons exclusivement à servir nos égoïsmes, plus nous nous limitons dans les ténèbres et l'esclavage qu'ils nous imposent. Nous croyons que, touchés de l'accablante servitude que nous avons préférée à la sainte liberté dans laquelle vous nous avez tous créés, votre pitié souveraine s'est tournée vers nous en nous offrant miséricordieusement l'aide de votre sagesse et de votre lumière, afin de nous mettre à même de conquérir, par les constants efforts de notre reconnaissance et de notre bonne volonté, chacune des saintes et heureuses accessions que nos diverses transgressions nous avaient impitoyablement fermées.

Père miséricordieux, aimant et secourable, nous croyons qu'au ciel, en Eden et dans les plus ténébreuses descendances à la honte desquelles notre ingratitude et nos péchés nous ont si cruellement soumis, vous n'avez jamais cessé de nous aimer et de nous prévenir de tout ce qu'il nous était possible de trouver de force, de courage, de sagesse et de lumière dans votre amour. Nous croyons, de toute la plénitude de notre âme, ô Père, que c'est bien réellement l'amour que vous n'avez jamais cessé d'avoir pour nous qui nous a donné pour Rédempteur et pour sauveur Jésus-Christ, Notre Seigneur, votre Verbe éternel, saint et Dieu comme vous. Oh! oui, Père, à qui appartiennent toutes louanges et toutes véritables adorations, nous croyons qu'il n'y avait qu'un dévoûment divin, un amour divinisant et une nature divine, capables de concevoir, de vouloir et de pouvoir accomplir, comme il a été accompli par Notre Seigneur Jésus-Christ, le grand œuvre de notre Rédemption!

Nous le confessons, ô Père qui régnez sur toute créature et sur toutes choses, l'amour que Jésus-Christ a mis à nous sauver était bien réellement entièrement et divinement votre amour; nous le proclamons à la face du ciel et de la terre, Père infiniment saint et infiniment bon, votre amour en Jésus-Christ a élevé l'humanité, qu'il a revêtue pour nous racheter dans l'actualité même de nos complètes descendances, à la hauteur de votre divinité! Nous croyons sincèrement que quiconque voyait l'Homme-Dieu en Jésus-Christ, et les œuvres seules propres à la divinité s'opérant par l'humanité de Jésus-Christ, voyait alors tout ce qu'il est possible à une créature mortelle de voir en vous-mêmes. Nous croyons fermement, ô Père, dont rien ne peut arrêter ni borner la puissance, que la divinité et l'humanité de Jésus-Christ sont tellement la visibilité et la protectabilité de l'amour qui est en vous pour nous, qu'en nous adressant à Jésus-Christ, vous nous entendez par lui, et, qu'en répondant à nos prières, à nos demandes et à nos supplications, c'est toujours en lui et par lui que vous nous répondez. En adorant Jésus-Christ, nous affirmons que nos adorations sont certaines d'arriver jusqu'à vous. En méditant compassionnément sur les souffrances et sur les douleurs que Notre Seigneur Jésus-Crist a endurées pour nous, nous avons la consolante certitude, ô Père infiniment compatissant, que votre amour nous glorifie par cette glorification, comme il glorifiait notre divin Sauveur lorsque, dans sa vie mortelle, il glorifiait en nous les compassions suprêmes qui animaient en lui l'actif désir et l'irrévocable volonté de notre si douloureuse rédemption. Père très adorable et que nous voulons éternellement adorer, nous sommes heureux que votre divine lumière nous permette de proclamer aujourd'hui devant vous, devant la très sainte et très immaculée Mère de notre bon Sauveur, devant les anges, devant les saints et devant l'enfer lui-même, qu'en voyant l'amour que Notre Seigneur Jésus a eu et ne cessera d'avoir pour nous, nous avons vu votre immense, suprême et ineffable amour. *Amen.*

PRÉPARATION

A LA CONSÉCRATION DÉPRÉCATOIRE.

Le célébrant et l'assistance feront cette première invocation à genoux :

Le ciel et la terre sont à toi, Seigneur, la lumière qui éclaire notre intelligence et la science qui doit élever nos cœurs aux hauteurs divines de l'amour que nous pouvons avoir pour toi, viennent de toi; ce sacrifice de reconnaissante justice et de filiale réparation que ta miséricorde elle-même a daigné nous inspirer et nous dicter, ô Grâce souveraine, exige de nous une ferveur et une élévation proportionnées aux considérations suprêmes que met, devant nos consciences et devant nos cœurs, ce passage du saint évangile selon saint Luc : « Jésus, après avoir monté avec ses disciples la montagne des Oliviers, s'éloigna d'eux d'environ un jet de pierre; là, il se mit à genoux et pria. Puis il dit à son Père : Mon Père, éloigne de moi, s'il se peut, ce calice! Néanmoins, que ce ne soit pas ma volonté qui soit faite, mais la tienne. Alors un ange du ciel s'approcha de lui pour le consoler. Malgré cela, sa douleur devint si grande qu'il tomba en agonie; tout son corps se couvrit d'une sueur, comme des gouttes de sang, qui coulait jusqu'à terre!... » Bonté souveraine, prends pitié de notre faiblesse et de notre ignorance, fais descendre dans nos âmes une de tes flammes sacrées afin que, dominant en elles le froid qu'y a laissé l'habitude d'une si longue indifférence, elles s'animent pour exciter chacun de nos cœurs à suivre, le plus ardemment et le plus amoureusement possible, chacune de ces luttes déchirantes dans l'amertume et dans l'épouvantable dégoût desquelles l'emporta, enfin, l'amour pour nous de ton adorable Fils, notre miséricordieux et dévoué Sauveur. *Amen.*

Seigneur, Dieu tout-puissant, quel est celui de vos grands archanges que vous allez nous envoyer pour écarter les ombres séculaires qui se sont amassées presque comme des ténèbres sur et devant cette grotte du jardin des Oliviers, au fond de laquelle notre très aimant et divin Rédempteur fut abandonné à la merci des plus impitoyables violences et des plus effrayantes douleurs! Pardon, mon Dieu, les enfants du ciel n'ont pas comme nous pris cette accablante part qui porta le Juste entre les justes à cacher, devant les droits inexorables de votre infinie justice, sa tête sacrée dans ses mains suppliantes, et sa nature divine dans les hontes écrasantes qui dominaient alors son cœur pur comme ne le fut jamais un cœur humain! Les anges qui vous entourent ne savent qu'adorer et glorifier, à nous seuls donc revient toute la responsabilité de tout ce qui courbe, abaisse, afflige, flétrit et désole! En vous offrant ce sacrifice d'unification aux souffrances et aux douleurs préfaciales de la terrible hécatombe qui couvrit du sang divin de votre divin Fils les rues de Jérusalem, la place du gouvernement aux armes de César et l'aride montagne du calvaire, c'est à nous, uniquement à nous, de chercher notre modèle victimal et d'évoquer, sous le nimbe glorifié de son inépuisable amour, ce qui causa si impitoyablement sa honte, son dégoût et cette indicible répulsion qui épuisèrent toutes les forces de sa nature et qui, sans le suprême dévoûment qui alors commandait pour nous son cœur, de défaillances en défaillances et d'agonies en agonies, l'auraient de là peut-être précipité dans la mort! Levez-vous, sainte et adorable victime, du sein de la gloire qui maintenant vous environne, permettez aux échos de votre vie sacrifiée de redire au Verbe de notre adoration ce que votre père, le glorieux Michaël, et eux entendirent à cette heure où les cieux et les enfers en présence se tenaient mornes et silencieux comme la grotte solitaire au sein de laquelle vous sembliez vouloir cacher à votre Père, au monde et à vous-mêmes votre sainte, immuable et éternelle divinité. Ah! vous voici, paroles animées que le plus ingénieux amour laissa tomber, dans la vallée sainte, par la plume de celui qui est appelé à les retracer de nouveau aujourd'hui. Mon Père, s'écriait le Verbe éternel dans l'adorable personne de Jésus, mon Père, un crime irréparable, au sein même de cette gloire qui vous environne, fut commis par vos chères créatures. L'amour, seul tribut qu'indispensablement vous vouliez que, pour leur propre bonheur, vous payassent ces natures angéliques créées dans l'ineffabilité du vôtre, vous fut audacieusement refusé par elles! Entraînées naturellement par cette monstrueuse résistance, elles perdirent la pure réfraction de l'auguste sagesse qui les avait produites, et, croyant se faire de leur monstrueuse usurpation un diadème de personnelle indépendance, elles se constituèrent impitoyablement les esclaves de l'orgueil, naissant immédiatement de leur révolte insensée; elles tombèrent aussitôt sous la funeste domination de ses exagérations et de son néant! Cette grande génération, appelée à connaître et à parcourir les lois tout unitaires de l'humanisation, malgré les grâces et les beautés de l'Eden accordé par vous à sa soumission répentante, se refroidit dans la justice de ses promesses, et, croyant pouvoir abréger un temps qui n'appartient qu'à l'ordre tout-puissant de votre sagesse et de votre justice souveraine, elle se vit promptement en face d'une sucession permanente d'accidents et d'abymes proportionnés aux mesures de son ingratitude et de son personnalisme. L'obscurité engendre des fantômes et les ténèbres roulent dans leur sein d'inconciliables monstruosités! L'amour qui vient de vous, ô mon Père, est science et lumière; ceux qui s'en détournent sont contraints de marcher à la pâle lueur du signe de leur décadence; ils sont séduits par les témérités de leur ignorance, ou bien ils s'endorment dans les froides timidités de cette nuit qui est l'unique nimbe de leur égoïsme. — Une lumière fauve et blafarde enveloppa tout à coup l'âme de la très sainte victime! L'Orgueil, la Vanité et l'altière Présomption parurent devant le Fils du Très-Haut priant et pleurant, agenouillé sur la terre humide, comme s'il eût été le plus criminel des humains. Un nuage de sang, de colère, d'imprécations et de blasphème, portait les trois grandes dominations de la vie humaine. L'Orgueil, d'une longue et formidable épée, menaçait le ciel et la terre; les deux tranchants de cette arme étaient rougis d'un sang qui ne séchait jamais. La Vanité triturait des poisons plein sa longue poitrine, et ses lèvres, minces et bleuâtres, les lançaient autour d'elle avec un sourd accompagnement de menaces et d'imprécations. La Présomption tenait dans ses mains une multitude de chaînes, plus ou moins régulières et polies; elle avait une poitrine d'airain, le signe de l'ingratitude sur la tête, et, sur ses lèvres pincées, la scissure du blasphème. — La prière du Sauveur redoubla. L'Orgueil se plaça entre elle et celui à qui elle était adressée; il essaya de la couvrir par le chant de ses sauvages conquêtes; il énuméra, comme un des princes de la poésie céleste, les droits et la grandeur de la majesté suprême; il célébra les inflexibles rigueurs attachées à la véritable omnipotence et à la réelle domination; il peignit, avec des paroles de feu, les inexorabilités avec lesquelles devaient être châtiés les murmurateurs et les rebelles; il se nomma la force, la seule, l'unique force! Et son chant devint une suite de tableaux animés, dans lesquels la jalousie sacrilége et l'audacieuse révolte conçues par Lucibel renversèrent, comme l'eût fait un éclat de la foudre, Jésus pleurant devant son Père la fatale catastrophe qui avait fait tant de places vides au ciel de l'angélité. L'Orgueil chanta plus fort ce qu'il appelait sa gloire. Alors, tout ce qu'il y eut de plus outrageant, de plus hideux et de plus ingrat dans l'insolence des fils du ciel, depuis le jour de leur révolte jusqu'à cette nuit où le Sauveur criait grâce pour eux, tomba comme un rire sarcastique et moqueur sur la plus sainte et la plus instante prière. Le Sauveur essaya de se relever pour fuir cette écrasante vision; il tendit la main droite dans le vide, il fut tout près de crier grâce! Michaël dit tout bas : Qui est semblable à Dieu? L'auguste divinité du Sauveur sembla se réveiller à la sainteté de ces paroles. Jésus se leva et fut aux siens, craignant qu'ils eussent été, eux aussi, frappés dans leur prière par l'esprit de la même vision. Jésus rentra pâle et tremblant dans cette grotte silencieuse et si terriblement animée durant sa première prière. Mon Père, dit de nouveau le doux Sauveur, j'ai voilé devant vous la divinité de justice qui nous est commune; j'ai éteint ce droit magistral qui m'appartient comme à vous, afin de couvrir, de mon adorante et reconnaissante prière, cet orgueil insensé, sous le despotisme duquel gémissent, souffrent et se font mutuellement souffrir, ceux que vous n'avez créés, ô mon Père, que pour être heureux de ce parfait bonheur que donne surabondamment et éternellement la divine connaissance de votre amour. La grotte ténébreuse s'éclaira d'une clarté plus sinistre et plus lugubre que la première fois. L'Orgueil, avec ses deux productions premières, se dressa de nouveau en face du Juste entre les justes, la Vanité attaqua de front cette pureté sans tache, cette innocence suprême; elle le nomma l'Abel de la faiblesse en lui montrant celui sur le bras duquel elle s'appuyait; elle arrêta sa prière par les sanglants récits et les hideuses catastrophes qu'elle appelait les gloires de son origine et l'héritage ministériel qui lui appartenait. Des cris, qui auraient effrayé même les propres frayeurs de la mort, des soupirs lourds comme la vie qu'on écrase, des gémissements qui faisaient suinter la honte et l'effroi aux pierres, aux choses mortes ou inertes, pénétrèrent dans l'âme de celui qui avait dit tant de fois : « Apprenez de moi que je suis doux et humble de cœur. » Les siècles épouvantés reculèrent. Le Temps reçut l'ordre de faire sortir du sein de la terre toutes les générations qu'elle renfermait. Alors l'Orgueil et la Vanité appelèrent toutes leurs victimes et tous leurs séides; les uns criaient le sang qu'on leur avait pris, les autres le sang qu'ils voulaient encore. Les glaives, les instruments de tortures et de supplices, les années, les jours, les heures, tout ce qui avait été touché par le fer homicide et par les mortels poisons de la Vanité, tout cela se dressa devant l'âme angoissée du Sauveur, et des voix, qui réunies ensemble semblaient être la voix de mille univers, criaient comme des tonnerres : Révolte et vengeance! Jésus n'était plus à genoux; il était tombé la face contre terre, il semblait invoquer la profondeur des abymes pour se soustraire à l'indicible horreur de ces sauvages visions. La Vanité voulut mettre le comble à cette scène infernale. Eh bien, dit-elle, Jésus de Nazareth, tu as attendu trop longtemps à naître et à mourir, puisque tu crois que ta mort est capable de nous anéantir et d'établir ton règne d'innocence et de faiblesse sur nos innombrables ruines; compte donc avec toi-même avant de compter avec nous; regarde toutes ces armées de princes, de prêtres, de docteurs et de voyants. Dans l'unique lignée, que tu fais remonter depuis ta Mère jusqu'au vice-roi de cet Eden où nous sommes entrés malgré toi, mesure le sang répandu par les grands capitaines et celui qui l'a été par ceux que tu nommes les promulgateurs et les adorateurs de ton Père; pèse les iniquités, les fureurs et les désordres de ces générations que, depuis Abraham, Moïse, Josué, Élie, David et Salomon, tu appelles la race fidèle! Regarde si, parmi ceux que tu nommes la gentilité, il y eut plus de hontes, de turpitudes, de prostitutions et d'infamies! Si tu étais Dieu, comme tu as tenté de le faire croire aux restes bâtards de l'héritage d'Israël, n'aurais-tu pas englouti, dans les entrailles de ta majestueuse colère, ces fornicateurs, ces assassins, ces lâches, ces murmurateurs, ces incrédules? Si, voulant t'entourer d'un éclat capable d'effacer ce que tu dois à ta justice, il t'avait plu de gagner à ta cause les plus actifs serviteurs de ce que tu nommes si répugnamment l'iniquité, qu'as-tu besoin de cet abaissement, de ces larmes et de ces amères supplications? Rouvre ton ciel, sans offres ridicules, sans rapetissement de ces êtres que tu dois pouvoir y faire rentrer; dissous cette fragile planète et emporte, du seul mouvement de ta complaisante volonté, tous ceux qui l'habitent dans tes tabernacles éternels tant vantés!... N'as-tu pas été jusqu'à dire : Je ne suis pas venu pour perdre, mais pour sauver! Regarde donc avec intelligence ce peuple auquel tu as, si malencontreusement, offert tant de choses impossibles et absurdes. Vois ce qu'était l'humanité avant ta naissance et ce qu'elle est à présent! Si tu étais cette divinité toute puissante que tu affirmes, un clignement de ta prunelle, et les univers se seraient abaissés pour te saluer et t'adorer; un signe de ta main, et tous ces hommes si orgueilleux, si présomptueux et si vains se seraient empressés de tomber à tes genoux et de te supplier de leur permettre de s'atteler au char de ta souveraine et resplendissante autorité! Pauvre insensé, tu ne comprends pas que c'est à toi que s'adressent tous ces rires, tous ces sarcasmes et toutes ces moqueries! Où est ce diadème éternel promis à la descendance de David? Où est cette prêtrise sainte et sacrée qui devait être l'honneur et la gloire du temple unique de Jéhovah?

Jésus n'entendait plus, ses yeux s'étaient fermés; on eût dit que la mort avait saisi cette grande et toute nouvelle proie. Une voix trempée de pleurs, mais suave comme tout ce qui vient du royaume céleste, prononça ces mots : « Seigneur, je vois naître de ta suprême défaillance une innombrable multitude de saints et de martyrs adorant ton Père, en esprit et en vérité; ils te béniront tous en confessant l'adorable divinité de ton sacrifice. »

Jésus arracha sa tête sacrée de la terre sur laquelle l'avait marquée et collée cette sueur rougeâtre dont les indicibles douleurs de son âme l'avaient si abondamment couverte; il se leva en appuyant ses mains aux froides et humides parois de cette grotte terrible; il s'avança en chancelant vers ses apôtres. Ils étaient couchés près d'un immense caroubier; une ombre épaisse, mais vacillante, s'étendait sur leurs têtes. Jésus tressaillit, il prononça mentalement ces paroles : Oh! oui, ceux qui ne voient que la chair sont facilement les esclaves de celui qui lui a juré une implacable haine. Puis, tout-à-coup, il dit lentement : Quoi, vous n'avez pu veiller une heure! Veillez et priez, afin de ne pas être surpris par la tentation. Il regarda de nouveau ces hommes forts et vigoureux qui lui avaient fait, il y avait quelques heures à peine, les plus déférentes promesses. Sa tête divine s'abaissa sur sa poitrine, il hésita un instant, puis il reprit le sentier qui le devait conduire au lieu fatal dans lequel s'allait achever la troisième partie de sa prière. Il s'agenouilla encore sans s'en rendre un compte bien exact, regarda à sa droite et à sa gauche comme si, cette fois, il eût craint d'être seul. Mon Père, prononça-t-il, d'une voix qui ne semblait plus être qu'un craintif et douloureux soupir, mon Père, ah! n'est-ce pas? cette Eglise que je vais vous élever de la base de mon calvaire, ce temple vivant que je vais vous consacrer avec la plénitude de mon sang, ce tabernacle eucharistique dans la sainteté duquel je vous offrirai, jusqu'à la consommation du siècle propagateur de nos compassions et de votre miséricorde, mes souffrances présentes, mon sanglant sacrifice et ma mort! Oh! n'est-ce pas, mon Père, toute cette abnégation, ce dévoûment, cet amour toucheront le cœur des hommes; ils se repentiront, ils se réconcilieront avec vous pour mieux se réconcilier entre eux et ne plus vivre alors, tous ensemble, que d'un véritable et fraternel amour?

Un vaste et rougissant éclair vint frapper et s'étendre sur le visage baigné de larmes du Rédempteur. Un immense océan de sang dont les vagues houleuses roulaient, dans leurs flancs livides, des corps humains horriblement défigurés et mutilés, des têtes écrasées par d'infâmes supplices, des tronçons de bras et de jambes rompus et broyés, des yeux arrachés vivants de leurs orbites, des langues humaines transpercées, déchirées et brûlées, des entrailles trourmentées et lacérées; telle fut la troisième vision que l'enfer apporta sous les regards si doux et si compatissants du Sauveur des hommes!

L'Orgueil, trônant entre la Vanité et l'altière Présomption, semblait régner pour jamais sur cette horrible désolation. Une tiare immense couronnait la tête de l'Orgueil, un glaive à trois lames était comme un sceptre dans sa main droite.

La Vanité avait attaché à ses oreilles de triples anneaux d'or; elle était vêtue avec un faste et une richesse dignes d'humilier tous les rois de la terre.

La Présomption, dans un contraste indescriptible, était vêtue de bure, ceinte d'un cilice, la tête presque rasée et les pieds nus. Une large croix d'or brillait sur la poitrine de l'Orgueil; deux encensoirs, dont la fumée odorante enveloppait la Vanité, étaient lancés devant elle par de jeunes hommes vêtus sacerdotalement.

La Présomption tenait de sa main droite une coupe consacrée dans laquelle elle buvait la vie eucharistique que Jésus avait nommée, en communiant ses apôtres, le sang de la nouvelle alliance. De sa main gauche elle présentait, renversée, une coupe semblable à celle qu'elle vidait. Ce fut elle qui, s'adressant à Jésus épouvanté, lui dit : Voici la grande œuvre que nous élèverons sur la tienne! Tu as étourdi nos oreilles par la continuelle affirmation de ta divinité, mais tu vas mourir sans avoir su être Dieu; nous nous chargeons de l'être à ta place. Dans quelques heures, tu vas confesser ta royauté, mais tu n'en seras pas moins traîné au supplice et crucifié entre deux voleurs! Réjouis-toi, préconisateur de la pauvreté et de la souffrance, tu vas être traité selon ton goût et selon ton choix. Nous saurons tirer un meilleur parti de cet héritage que tu vas nous abandonner comme tu nous abandonnas l'homme de l'Eden, le pacte avec Abraham, et le grand sacerdoce d'Aaron. Il y a deux parts dans l'enseignement que tu nous laisses : celle que tu nous montres actuellement se nomme la nécessité de l'expiation, et celle que tu promets la joie et les délices du royaume divin. Comme tu ne veux plus que l'on offre à ton Père du ciel des bœufs, des veaux, des agneaux et des génisses, mais des victimes semblables à celle que tu lui offres en ce moment, nous ne t'épargnerons pas ce genre de victimes, et nous te jurons que nous ne manquerons pas d'établir pour nous, dès maintenant, tout ce qui sera capable de nous procurer les joies les plus durables et les délices les plus réels. Cette abnégation, dont tu parais si jaloux, nous l'enseignerons à ceux sur la ruine desquels nous fonderons la garantie de notre sacerdotale royauté. Nous verrons d'abord ce que produira cette alliance que tu viens établir sous la raison spécieuse d'une complète égalité. Quand notre puissance sera assez dominamment établie, nous verrons ce que nous aurons à rayer ou à supprimer de cette mystérieuse alliance. Que rien ne te soit caché, afin que tu sois à même d'abandonner la folle conquête que tu rêves. Laisse les hommes marcher à leur guise et nous adorer comme bon leur semble, il ne sera guère plus que ce qui est; mais si tu t'obstines à vouloir nous poursuivre, cet océan de désastres et de fureur s'étendra, se creusera et s'élargira encore pour la permanente alimentation de ces hécatombes vengeresses dont nous daignons te montrer, en ce moment, la très faible et la très pâle image.

Jésus crut un instant que son corps était tombé dans cet effroyable cloaque! En effet, la terre dans laquelle trempaient ses genoux était devenue liquide, l'eau et le sang que suait tout son corps en avaient fait une véritable boue dans laquelle était tombée, sans pouvoir se relever, sa nature humaine agonisante. Jésus ne donnait plus signe de vie que par les battements de son divin cœur qui semblaient devoir rompre sa poitrine. Une voix harmonieuse et suave, comme les sons avec lesquels le jeune David calmait les douleurs de Saül, arriva, non aux oreilles du Sauveur qui n'entendaient plus, mais à l'ouïe de son cœur qui, seule, ne pouvait cesser d'entendre! Nous nous appliquerons à aimer comme tu aimes, ô Jésus notre unique et notre divin modèle, disait cette voix. La règle suprême de ton amour sera la nôtre. Ton œuvre de miséricorde sera pour nous ce que ton cœur veut nous être lui-même; nous serons à elle pour être à tous nos frères ce que nous est aujourd'hui ton suprême et ineffable dévoûment; nous réduirons notre égoïsme à toutes les agonies possibles, s'il ose nous disputer la gloire de marcher sur tes traces et de consacrer les plus solennelles affections de nos cœurs à la réconciliation, à l'instruction, à l'édification et à la paix de nos frères!

A mesure que la voix qui prononçait ces paroles approchait de leur terme, Jésus, le bon Jésus, se relevait peu à peu; déjà son corps s'était dressé sur ses genoux; des voix nombreuses et semblables à celle qui venait de parler firent éclater un *amen* si solennel, si énergique, si impétueux, si cordialement volontaire, que Jésus se dressa de toute sa hauteur, comme si mille bras se fussent approchés de lui, non pour lui aider à se relever, mais pour le relever amoureusement eux-mêmes. A la place de l'océan et des monstres dont l'horreur semblait devoir l'emporter sur son amour pour nous, Jésus vit, dans le calice résumatif des horribles visions qui venaient de l'accabler, la lie de la profanation et du sacrilége qui bouillonnait comme agitée par un abominable ferment. Jésus écouta encore, puis il prononça ces paroles : S'ils me trompaient aussi !

Subitement une multitude de cœurs se condensèrent au-dessous et autour du calice; on aurait dit que la juste défiance d'eux-mêmes et le respect souverain qu'ils avaient pour l'amour infini de leur Sauveur étaient la juste raison qui les arrêtait dans la vivacité du désir qu'ils avaient d'épargner à leur libérateur l'effrayante consommation de ce trois fois répulsif breuvage. L'amour l'emporte, dit le

Sauveur du monde. Puis aussitôt il ajouta : Père, ta volonté sera faite. Il quitta la grotte, et, marchant droit à ses disciples, il leur dit : Soyez tranquilles maintenant, le Fils de l'homme ne va plus rien retenir aux pécheurs!

Seigneur, Seigneur, voici ceux qui vous ont dit, au commencement de ce consolant Sacrifice, nous venons nous offrir à vous pour glorifier votre divin Fils, qui est votre gloire; nous vous conjurons d'agréer notre personnelle et unitaire offrande pour le triomphe de la même cause qui décida de la sainte et salutaire offrande qu'il vous présenta lui-même dans le jardin de Gethsémani. Couverts de son nom et du suprême héritage de ses mérites, nous nous prosternons tous ensemble pour vous dire devant lui :

Saint, saint, saint est le Seigneur; saint est notre Dieu, le père de Notre Seigneur Jésus-Christ, lequel s'est fait notre salut et notre grâce! Que la vertu de son pontificat éternel opère dans le bonheur que nous voulons mettre à servir ses desseins et sa gloire. Que l'auguste commémoration de son sanctifiant amour et de sa suprême charité soit, dès maintenant et pour toujours, la règle de notre ministère et de notre vie, afin qu'en toutes choses, dignes de lui et de l'édification de nos frères, nous agissions toujours par sa volonté, avec le concours de sa volonté et dans la plus complète unification à son immuable et miséricordieuse volonté.

INVOCATION CONSÉCRATIVE.

Que ce pain soit, par sa grâce et par les mérites de sa passion ✳, le monument impérissable de notre action de grâces et le pain substantiel de notre angélité reconnue. Que ce vin soit, par sa miséricorde ✳, changé en ferment immortel, afin que buvant à cette coupe, nous y trouvions tous l'unité de force nécessaire au labeur de notre régénération. Que ce pain ✳ et ce vin ✳ soient la nourriture de tout notre être et l'hostie ✳ vivante de notre sacrifice, pour que nous trouvions en elle, dans le désert où nous ont placés nos pasteurs, tout ce que s'est proposé, par la communion chrétienne, celui qui est venu, au nom de son Père, établir le saint esprit d'une égalité et d'une fraternité qui, ayant commencé dans son amour, doivent se continuer éternellement dans le recouvrement de la pure et première nature de notre création angélique. *Amen.*

Adorable et suprême amour de Jésus-Christ, nous t'adorons et nous nous donnons à toi comme nous te supplions et conjurons de te donner à nous. Que cette communion resserre, par des liens nouveaux, notre volonté fixe d'être de vivantes hosties à ta gloire; que par tes mérites divins nous devenions tous véritablement une même chose avec toi. Que cette coupe à laquelle nous allons boire en ton nom nous unisse comme les membres d'un même corps, afin que, t'abandonnant nos cœurs et notre vie, nous trouvions en toi la puissance et la souveraine efficacité capables d'aider, de soulager, de consoler et de délivrer nos frères vivants et morts, pour ne faire plus ici bas, dans notre unité militante, qu'une seule et même Eglise avec la grande Eglise souffrante, ainsi qu'avec l'éternelle Eglise triomphante dans les ineffables élections de laquelle nous espérons un jour te bénir, t'adorer et te glorifier à jamais. *Amen, amen, amen.*

Que mon esprit s'abaisse et s'humilie, que mon âme s'embrase et que mon cœur s'enflamme pour répondre à l'amour de Notre Seigneur Jésus-Christ qui, de sa vertu divine, a changé notre sacrifice en sacrement *Amen.*

COMMUNION

DISTRIBUTION DE L'HOSTIE.

Que cette part de notre sacrifice anime en nous la vie du sacrifice.

DISTRIBUTION DE LA COUPE.

Mais seulement après avoir prononcé les paroles qui suivent :

Je boirai à la coupe des forts, j'activerai la soif de mon âme par le vin éternel de la charité; j'adorerai mon Dieu par les mérites divins de son sang précieux, et mon esprit confessera à jamais le gage du salut que lui assure l'infinie miséricorde du Seigneur. *Amen.*

Que nos cœurs reçoivent par cette coupe la grâce et la vie de la charité.

APRÈS LA COMMUNION.

Oh! maintenant que nous avons vu, mieux que jamais, tout ce que l'ingratitude et la transgression ont fait surgir de maux et de souffrances sur notre terre et dans notre si faible humanité, nous invoquons de nouveau, en te rendant grâce, tes compassions suprêmes et tes consolations divines pour ces millions d'esclaves qui se sont condamnés eux-mêmes et qui se condamnent chaque jour encore à servir ce flétrissant despotisme de leurs malheureuses passions; nous te recommandons, ô Père saint, par l'amour que ton divin Fils n'a pas cessé d'avoir pour nous, les déshérités et les pauvres. Ah! Père, les pauvres surtout, les pauvres qui sont malades ou qui sont infirmes! Nos cœurs te conjurent de veiller et de garder tous ceux qui te connaissent, pour qu'ils se sanctifient et te glorifient dans cette heureuse connaissance; nous recommandons à ton auguste pitié ceux qui n'ont pas le bonheur de te connaître, afin que ta miséricordieuse révélation parvienne jusqu'à eux, car nous savons, ô bonté infinie, ce que peuvent les épreuves de cette vie sur ceux qui ne te connaissent pas.

Pour nous, qui venons de goûter le bonheur suprême que donne la foi en ta divine présence, nous te rendons grâce pour la paix et la consolation dont tu viens de remplir nos cœurs et nos âmes. Nous nous unissons aux glorieux cantiques de ceux qui entourent ton trône, et, nous revêtant des mérites divins de Jésus mort pour nous, nous te crions de toute la sainte étendue de la reconnaissance que tu as fait naître en nous : Gloire soit au Père et au Fils et au Saint-Esprit. *Amen. Alleluia, alleluia, alleluia.*

BÉNÉDICTION.

Que la bénédiction de celui qui a reçu notre sacrifice et nos prières, fasse germer et grandir en nous les fruits sacrés et vivants de ces douloureuses considérations que la bonté divine vient de confier à la piété et à l'amour de nos cœurs.

Au nom du Père et du Fils et du Saint-Esprit. *Amen*.

Réponse de l'assistance : *Amen, amen.*

O Seigneur, qui donc, parmi ceux qui connaissent votre sanctuaire, ne se réjouirait pas de venir, en vous y adorant, apprendre chaque jour combien vous nous avez aimés et comment il nous est possible, à nous pauvres mortels, de nous former dans cet amour pour en embellir et en sanctifier de plus en plus notre vie! Que nous serions ingrats, ô mon Dieu, si après avoir vu le dévoûment avec lequel nous a aimés notre divin Maître, nous n'aimions pas d'un amour actif et prévenant tous ceux qui, comme nous, ont toujours été et sont encore aimés de ce même et inépuisable amour. Heureux assemblés de la maison de grâce et de prière, écrions-nous avec action de grâces et avec reconnaissance : Oui, le Seigneur est bon; oui, sa miséricorde est éternelle! Notre Dieu l'emporte sur tous les dieux parce que sa miséricorde est éternelle! Gloire au Père de Notre-Seigneur Jésus-Christ, que nous pouvons si consolemment nommer notre Père; il est le Tout-Puissant et le seul dont la miséricorde soit éternelle! Gloire au divin Créateur des anges qui, loin d'écraser du droit de sa justice ceux qui se révoltèrent contre ses adorables décrets, les soutint de sa clémente pitié et leur offrit le relevant secours de sa miséricorde éternelle. Gloire au Seigneur des seigneurs qui fit grâce aux transgresseurs de l'Eden et qui leur montra les sentiers protecteurs de sa miséricorde éternelle. Gloire au Maître absolu des cieux, des mondes et de la terre qui, dans les fureurs du déluge, montra, à ceux qui l'avaient provoqué, que la mort ne pouvait point l'emporter sur sa miséricorde éternelle. Gloire au Dieu vivant qui fit alliance avec Abraham, avec Isaac, leur promettant, pour eux et pour leur descendance, l'incarnation de sa miséricorde éternelle. Gloire au Dieu grand et fort qui ordonna à Moïse de lui former un peuple pour prouver à tout l'univers ce qui est possible à sa miséricorde éternelle. Gloire au Dieu bon, aimant et généreux qui a suscité parmi nous l'auguste

Marie, le miroir de sa sagesse, pour nous donner par elle le gage le plus sacré de sa miséricorde éternelle. Gloire au Dieu de pardon, de paix et de bénédiction qui nous a montré, dans Notre Seigneur Jésus-Christ au jardin des Oliviers, que c'était bien en lui que résidait corporellement et salutairement sa miséricorde éternelle. Que les noms divins, consolateurs, sanctificateurs et sacrés de Père, Fils et Saint-Esprit, que nous adorons dans l'unité divine du Dieu qui nous a créés, rachetés et sanctifiés soient bénis à jamais. *Amen. Alleluia, alleluia, alleluia.*

Nota. Les formules d'absolution, écrites pour ce Sacrifice, ne seront prononcées que par les Pontifes divins. Les Pontifes n'appartenant qu'à l'ordre provictimal se serviront de la formule écrite pour le Sacrifice provictimal de chaque jour.

PRIÈRE POUR S'UNIFIER

TOUS LES JEUDIS

DANS LE SACRIFICE PROVICTIMAL

A L'HEURE SAINTE DE NOTRE SEIGNEUR JÉSUS-CHRIST

Vous nous voyez, ô tout-puissant Seigneur, ô infinie miséricorde, vous nous voyez bien mieux qu'il nous est possible de nous voir nous-mêmes. Nous sommes à cet autel tout remplis de la pensée qui nous y a conduits. Nous vous avons prié de nous recevoir et de nous agréer dans la confession libre et sincère de cette indépendance qui nous consacre à l'ordre de vos desseins sur nous et sur nos frères; nous vous avons conjuré de ne pas repousser l'offrande de notre vie et nous vous avons supplié d'en faire une hostie digne de s'unir à l'hostie sainte et divine qui, à pareil jour, s'offrait si généreusement pour nous et pour le monde entier, dans la grotte noire et silencieuse du jardin de Gethsémani.

Ah! Seigneur, quelle différence entre nous et l'adorable victime poursuivie alors par toutes les fureurs de l'enfer et par les innombrables crimes de l'humanité !

Père saint, ne nous montrez pas ce calice d'horreurs et de colère que Jésus, priant pour nous, aperçut se dressant sous les rayons illuminateurs projetés par votre justice suprême; nous n'avons point la vaniteuse témérité de croire que nous marchons si fidèlement sur ses traces. Nous qui n'avons guère encore quitté la crèche, que serait-ce, ô mon Dieu, si tout à coup votre acceptation de notre offrande nous portait dans la terrible anfractuosité de la montagne des Oliviers! Jésus fléchissait sous le poids de nos crimes, mais son auguste pureté lui aidait à les laver de ses larmes; tandis que nous, nous serions peut-être écrasés par la vue des nôtres, et nos larmes, tant abondantes qu'elle puissent être, n'en pourraient laver aucun, si celles de notre aimant Sauveur, au lieu de s'y unir, venaient à les récuser.

Pourtant, ô miséricordieux Seigneur, nos cœurs sont saintement émus lorsqu'ils s'arrêtent à réfléchir par la mémoire de ces grandes et ineffables douleurs que vous nous avez fait connaître si miséricordieusement vous-mêmes, lorsque vous nous avez montré votre Fils unique, votre très cher Fils, réduit aux indicibles agonies dont une seule suffisait pour le faire mourir, s'il n'eût eu, pour en triompher, l'adorable justice qui lui était personnelle et l'incompréhensible amour avec lequel il nous aimait. Nous avouons et nous confessons notre longue indifférence, et notre trop évidente faiblesse, mais nous ne craignons pas de vous dire : Nous nous sentons, en ce moment, un sincère amour pour ce que notre adoré Sauveur a fait pour nous.

Oh! oui, Père très saint, un vif sentiment de reconnaissance commence à nous dominer; nous n'oserions pas entreprendre de faire pour votre divin Fils ce qu'il a si généreusement lui-même fait pour nous, mais nous croyons néanmoins être assez forts pour confesser son amour et pour lui offrir, selon nos forces actuelles, toute la plénitude du nôtre.

Devant ce monument sacré, ô Père très saint, laissez notre cœur s'approcher un instant de celui qui voulait être bien moins notre maître que notre modèle.

Cœur de Jésus-Christ, je me porte, par la reconnaissance et par l'amour que tu m'inspires, vers ce jardin de luttes et d'angoisse où ton amour pour moi te fit boire, avec un dévoûment si ineffable, l'amer calice qui m'était destiné, ainsi qu'à tous mes frères.

Oh! c'est impossible, notre vie, que tu as faite éternelle dans le sein même de ton Père, a dû, — à l'heure de cette souffrance inouïe qui a décidé de sa rédemption, — s'approcher pour voir, pour entendre, pour pleurer, pour gémir, pour s'associer enfin à l'indicible générosité de son Sauveur et de son Dieu!

Oh! non, je ne puis le croire, je n'ai pu rester

étranger à une abnégation semblable, à un pareil dévoûment! Non, je n'ai pu participer au péché d'Adam et en devenir le coupable instigateur, pour rester endormi dans le néant, à cette heure qui eût plus effrayé Adam de te l'avoir infligée que d'être condamné à la subir lui-même. J'étais là! Je ne croirai jamais que j'aie pu être assez méchant, assez ingrat et surtout assez lâche pour laisser seul, abandonné, celui qui, écrasé sous le poids de mes crimes, ne pouvait se dispenser de me chercher et de m'attirer à lui pour me laver de la sueur sanglante que lui donnait la honte dont il voulait me purifier.

Je t'ai vu, ô mon Sauveur, comme j'ai vu Adam; j'ai pleuré avec toi, comme j'ai complicité avec Adam; j'ai crié grâce pour toi, comme j'ai crié à Adam : Ose et fais! Oh! tiens, je le sens, c'est depuis que j'ai vu tes larmes que je ne puis voir pleurer mes frères sans pleurer moi-même. Oui, je le dois, je veux t'avoir vu; car, quand je vois souffrir les moins connus et même les plus méchants parmi mes frères, je sens que je souffre d'une souffrance qui a souffert celle que je vois et qui en sanctifie l'impression et la sensation en moi-même. Oui, il faut que je le crie, que je l'affirme, j'ai pleuré avec toi, j'ai souffert avec toi, j'ai crié grâce pour toi. J'aurais voulu avoir ta pureté, ton innocence, ta sainteté, ta justice pour souffrir comme toi, pour t'envelopper de mon admiration, de ma reconnaissance, de mon amour et de mon adoration!

Pardon, mon Dieu, je suis allé trop loin! Comme la phalène attardée, je suis venu brûler ce qui me restait de joie et de force au foyer même de ce puissant amour que je ne considérais qu'à la triste mesure de mes innombrables faiblesses. Oui, n'est-ce pas, suprême et inaltérable amour, j'ai tout vu, tout entendu, tout compris peut-être? Mais en face de tout cela j'ai dû beaucoup promettre! j'ai, sans hésiter, beaucoup promis. Pensée amère, je ne vois rien de ce que je devais tenir! Voilà bien l'homme, ô mon Dieu; voilà la grande vanité qui promet tout, qui doit donner tout, mais qui trouve en elle mille fraudes, mille ruses, mille détours, pour toujours promettre encore sans donner davantage! Je courbe ma tête, j'incline devant toi, ô cœur de mon Sauveur, tout ce que ta douce et salutaire prière m'obtiendra désormais pour fortifier le mien.

Aujourd'hui, je m'offre à ton Père avec tous ceux qui veulent lui exprimer leur intime reconnaissance et lui promettre fidèlement de se consacrer à l'adorer et à le bénir par les suprêmes vertus que ne cesse de nous offrir ton adorable amour; je n'ose plus rien te promettre, mais je veux me jetter dans les saintes acceptations du sacrifice que nous t'offrons tous de nouveau dans ce précieux moment.

Mon Dieu, il me semble entendre toutes mes sœurs et tous mes frères, les Pontifes de votre œuvre de miséricorde et tous les cœurs qui battent sous la croix de grâce, vous dire avec moi pour faire passer ma si pâle offrande : Cœur de Jésus, nous voici à ta disposition suprême, tu peux nous donner à ton Père, car, sincèrement et véritablement, nous nous donnons à toi. *Amen.*

L'assemblée répètera : *Amen, amen.*

DERNIÈRE ACTION DE GRACES.

C'est à genoux, ô sainte et immaculée Mère, que nous voulons rendre, à celui qui vous a faite le plus glorieux chef-d'œuvre de ses créations, cette action de grâces, et c'est vous, ô très admirable et très clémente Marie, que nous supplions de vouloir bien la lui présenter et la lui offrir.

Ecoutez-nous, ô la plus pure des vierges, ô la plus aimante et la plus compatissante de toutes les mères!

Après avoir contemplé la royale et divine souffrance de notre très cher Sauveur, au sombre et triste jardin des Oliviers; après avoir rougi du peu de fidélité que nous avons mis à tenir les promesses si solennelles que nous lui fîmes alors, nous voulons le glorifier par votre nom, par vos personnelles douleurs et par cet ineffable amour avec lequel vous avez non-seulement partagé toutes ses souffrances, mais duquel vous n'avez cessé un seul moment de les consoler, de les reposer et d'en adoucir la partie la plus amère! Nos cœurs, ô courageuse et héroïque Marie, ne veulent faire qu'un seul et même cantique, qu'une seule et même prière pour présenter à votre divin Fils, par vous qui nous aimez tant, tous les cœurs qui battent sous la sainte possession de la croix de grâce et sous le texte protecteur qui dit avec le Verbe de toute la cour céleste : Marie est vierge immaculée, pure et sans tache!

Recevez, ô toute belle et toute bonne Marie, les noms de tous les Pontifes consacrés par le chrême électif et divin de l'œuvre trois fois sainte de cette miséricorde dont vous êtes, après l'éclatant soleil de justice, la plus douce et la plus suave clarté. Recevez, pour en couvrir les amers souvenirs de Gethsémani, tous les actes de pure piété, de cordial dévoûment et d'amour fraternel accomplis et sanctifiés par la pure et libérale charité de ceux qui se sont donnés, sans détours et sans réserves, à l'œuvre divine par laquelle nous avons appris d'une manière si admirable à vous connaître et à vous glorifier.

Recevez aujourd'hui, dans cette maison consacrée au Seigneur, devant cet autel et ce tabernacle élevés par le choix du Très-Haut, toute la bénédiction de ces consolations inexprimables qui nous ont été données, depuis si longtemps, par la divine assurance que les morts, pour lesquels nous avions le bonheur de prier, avaient reçu, de la prévenante clémence de notre Père des cieux et par les très augustes mérites de son divin Fils, une prompte et sanctifiante délivrance.

O Mère très sainte, très dilectieuse Mère, offrez, dans toute la ravissante majesté de vos compassions maternelles pour nous, la souveraine et inénarrable possession de cette hostie de grâce et de résurrection que nous possédons dans le miséricordieux et secourable intérêt des morts, afin qu'en ce jour, et à cette heure surtout, elle opère avec une plénitude toute nouvelle ce que l'amour de notre Dieu, supplié par vous avec nous, peut seul accorder et donner.

Ah! Marie, l'âme toute remplie encore des divines paroles que nous avons prononcées ou entendues, nous vous conjurons de plaider, devant la justice de notre tout-puissant et très saint Créateur, la cause parfois si douloureuse et si difficile de tous ceux que la maladie ou l'appel de la mort va jeter maintenant, ou dans les heures ténébreuses de cette nuit, aux sombres et terribles épreuves de l'agonie!

O très sainte mère! depuis sa descente du Thabor, le sentier des douleurs de votre divin Fils s'est élargi, et la voie de son délivrant sacrifice s'est creusée jusqu'aux entrailles du rocher au fond duquel la mort l'a si cruellement couché.

Ah! Marie, notre Thabor fut le ciel; depuis que nous l'avons laissé derrière nous, il nous est arrivé quelquefois de chanter l'action de grâces eucharistiques; mais à peine la première note de notre *amen* s'était-elle évanouie, que le noir calice de l'exil, la coupe brûlante et amère de Gethsémani venaient se placer devant nous!

Aimante et très secourable Mère, les chants de la terre ne sont que de bien courtes et bien pâles réminiscences des cieux; les gémissements et les larmes nous reviennent toujours comme de frappantes et constantes réalités auxquelles il faut répondre permanemment.

Nous ne nous plaignons pas, nous crions grâce! et nous vous conjurons de supplier le divin Roi des pleurs et de l'agonie de nous accorder les forces, le courage, la persévérance et la grâce tout efficace de sanctifier comme lui, comme vous, avec lui et avec vous, en notre nom et au nom de tous, ces douloureuses larmes et ces poignantes douleurs que nos ingratitudes et nos nombreux péchés ont semées si abondamment sur toutes les voies déjà si pénibles de notre exil; obtenez-nous de celui qui est la vraie toute-puissance de l'aimer assez pour qu'il nous soit possible de lui offrir, à notre dernière heure, toutes les épines de notre vie humaine changées en roses, comme celles que vous laissâtes, ô la plus sainte des mères, quand après avoir, avec votre très adorable Fils, partagé nos peines et nos maux, et même en avoir consommé la partie la plus dévorante et la plus amère, vous vous élevâtes dans les cieux où nous savons que vous mettez votre gloire à présenter au Rémunérateur éternel nos timides offrandes, nos humbles actions de grâces et nos reconnaissantes bénédictions.

Amen, amen.

Alleluia, alleluia, alleluia.

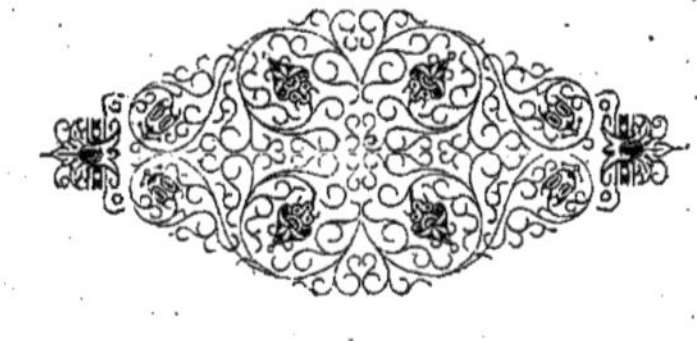

SACRIFICE PROVICTIMAL

DE

COMPASSION ET D'INSTANTE IMPLORATION

POUR LES MORTS.

***

Au nom du Père et du Fils et du Saint-Esprit. *Amen.*

Présentons-nous devant notre Dieu, et humilions nos cœurs devant sa miséricordieuse présence.

Qu'il est bon, celui qui nous permet de venir à tout instant dans son temple, et de lui exposer nos afflictions et nos peines devant son tabernacle! S'il n'y avait que les purs qui fussent admis dans sa demeure, à qui, alors, pourrions-nous confier, avec espoir, nos larmes et nos douleurs? Où trouver, parmi nous, une oreille attentive au récit de nos maux, et des compassions assez puissantes pour nous consoler?

Nous n'avions point encore aperçu l'autel de la

grâce, que déjà nous sentions en nous-mêmes une heureuse allégresse, et l'amertume de notre âme semblait s'effacer. Ah! c'est que celui qui voit nos afflictions est toujours bien plus près de nous que nous ne le sommes de nous-mêmes. C'est que, comme un père plein de tendresse et de pitié, ses regards ne cessent pas d'être arrêtés sur nous. Le Dieu qui nous a créés n'est pas, comme nous, sujet au changement. Notre création ne lui était point nécessaire, et sa divine sagesse ne nous a donné l'être que pour jouir éternellement des biens immenses qui sont en lui. Nos maux, nos pleurs, nos gémissements et nos souffrances viennent de nous-mêmes et des désordres à la grossièreté desquels nous nous sommes asservis. Si nous faisions pour notre Dieu ce que nous faisons chaque jour pour augmenter notre esclavage, nous goûterions des joies qui reposeraient notre âme et qui relèveraient les innombrables abattements de notre cœur.

O Dieu de paix, de grâce et d'harmonie, si, dans l'amour que vous avez pour nous, vous nous éprouvez quelquefois, vous ne le faites que pour grandir et glorifier notre fidélité dès ici bas; mais jamais il n'est entré dans votre pensée divine de vouloir nous faire souffrir. Nos douleurs naissent des faux pas que font surabonder nos épaisses ténèbres; les coups qui nous blessent viennent de nous, ainsi que de ceux qui marchent, comme nous, loin des divines clartés que vous ne cessez point de nous offrir. Qui a lu jamais les adorables paroles que vous nous fîtes écrire par votre serviteur le prophète Isaïe? Maître souverain, Tout-Puissant, Eternel, vous ne vous contentez pas de vous abaisser jusqu'à nous; bonté infinie, vos compassions pour nous, nous donnent un droit direct de nous élever jusqu'à vous. Ah! qu'il est difficile à l'homme de se soustraire à cette puissance d'amour avec laquelle vous le prévenez sans cesse! Nos pères, sur la terre, malgré leur impérieux besoin de votre miséricorde, n'atteignent pas à la hauteur de vos compassions, ô notre Père, qui régnez dans les cieux. Quel est le père qui dira à son fils ce que vous nous faites dire par votre oracle prophétique? Il n'y a que votre pitié divine qui puisse nous faire entendre cette parole ineffable dans laquelle vous nous dites : « Si vous avez fait quelque bien, faites m'en souvenir. Plaidons l'un devant l'autre, je vous aiderai même à rassembler tout ce qui pourra servir à vous justifier! »

Seigneur, Seigneur, nous ne venons point plaider ici notre cause; nous venons vous crier grâce pour nous qui avons le bonheur d'être admis dans votre sanctuaire. Nous ne voulons tous, au pied de cet autel, qu'appeler votre infinie miséricorde sur ceux qui ayant passé par la vie de nos épreuves, sont maintenant descendus dans la mort! Regardez-nous avec les yeux de votre intime compassion et daignez affirmer à nos cœurs que, quoique pécheurs, vous ne repoussez pas les supplications qu'ils viennent vous offrir pour la consolation, la paix et l'entière délivrance de nos frères et de nos sœurs, dont les dépouilles mortelles sont cachées dans les entrailles de la terre. Quand nous prions pour nous personnellement, nous vous avouons nos fautes et nos péchés; mais aujourd'hui, Seigneur, comme nous venons supplier votre clémence souveraine de pardonner à nos frères, dont la mémoire nous vient des tombeaux, nous confessons, non-seulement que nous sommes coupables, mais que nous nous reconnaissons solidaires des désordres et des péchés qui retiennent, ou qui pourraient retenir dans une dépendance malheureuse, tous ceux que la mort a frappés dans leurs dérèglements et dans leur terrible désaccord avec la sainte justice que vous vous plaisez toujours à éclairer dans nos consciences.

Pardonnez-nous, Seigneur, et pardonnez à tous ceux que vous présente notre prière. Si les larmes d'une suppliante instance ne mouillent point nos paupières, vous le voyez, ô Dieu bon, notre repentir et le vif désir d'une pureté plus digne de l'acte que nous venons accomplir s'unissent sincèrement à nos fraternelles sollicitudes, ainsi qu'aux cris pressants de tous nos cœurs. *Amen.*

Réponse générale : *Amen, amen.*

Esprit de vie, de sagesse, de justice et de lumière, nos fronts sont courbés, nous en appelons à cette toute-puissance d'amour que vous avez promis de dispenser un jour à tous les enfants de la terre; avancez pour nos morts cette heure favorable! Mettez dans nos âmes tout ce qui sera capable de faire violence à ces sources inépuisables que nous savons exister dans le sein éternel de celui qui nous a créés.

Nous avons confessé nos crimes, accusé nos péchés et nous déplorons amèrement, maintenant, tout ce qui serait en nous capable de diminuer la sainte et fructueuse étendue de notre fraternelle espérance. O larmes de Marie, ô pleurs de la plus sainte des mères, couvrez-nous, validez l'insuffisance et l'impureté des nôtres. Aidez-nous à faire passer dans chaque demande de la divine prière qui va suivre celle-ci, tout ce que notre bon et miséricordieux Sauveur a compris être capable de toucher la pitié et la clémence souveraine de son Père. C'est devant vous, ô la plus sainte des mères, que nous nous sentons maintenant la douce et consolante confiance de dire :

« Notre Père qui êtes aux cieux, que votre nom soit sanctifié, que votre règne nous arrive, que votre volonté soit faite en la terre comme au ciel; donnez-nous aujourd'hui notre pain supersubstantiel; pardonnez-nous nos péchés comme nous pardonnons à ceux qui nous ont offensés, ne nous laissez pas surprendre par la tentation, mais délivrez-nous du mal. *Amen.*

ABSOLUTION.

L'éternel Dieu a reçu notre prière, les cris de notre cœur sont montés jusqu'à son trône! La divine lumière qui ravit notre immaculée Mère, les anges, les archanges, les saints et les amis fidèles de l'Agneau mis à mort, dès le commencement; cette lumière féconde et régénératrice, qui éclaire la sainteté et l'application salutaire du ministère réconciliateur dans lequel la bonté infinie du Tout-Puissant nous a fondés, nous fait étendre nos mains sur vous et sur l'innombrable famille des morts, en vous disant à vous, qui êtes devant ce saint autel, et aux morts partout où ils sont : Le Dieu tout-puissant et infiniment miséricordieux vous accorde toute la plénitude de son indulgence et de son pardon; il vous absout et vous remet vos péchés, nous vous l'affirmons.

Au nom du Père et du Fils et du Saint-Esprit. *Amen*.

ACTE D'ADORATION.

L'assistance se tiendra debout durant cette prière :

Levons-nous tous comme sont levés, devant le trône de l'Agneau divin, les saints vieillards dont parle si magnifiquement le grand voyant de l'Apocalypse. Adorons d'un même cœur et d'un même esprit celui qui, caché sous les caractères sacrés de nos divines hosties, ne cesse de nous prévenir de son amour et de nous affirmer, par les plus consolantes images, tout le crédit qu'il nous donne sur sa miséricorde souveraine. La vie de notre Sauveur est devant nos yeux, ses compassions pour nous, toujours prêtes à faire naître et à éclairer les nôtres, sont écrites en lettres de sang! Que peut nous refuser celui qui vient vivre avec nous dans cette constante attitude d'expiation et de supplication?

Adorons donc, avec tous les sentiments les plus reconnaissants et les plus pieux, cette générosité sans bornes, cette inépuisable ineffabilité vivant continuellement avec nous, pour nous aider à supporter le poids du jour et pour nous veiller comme un ami et comme un frère durant la nuit.

Que le sang qui coule dans nos veines, que les battements de notre cœur, que les plus profonds soupirs de nos âmes, et que toutes les aspirations de notre esprit soient une action de grâces solennelle et comme la voix d'un éternel cantique répondant à la vie de ces paroles : Gloire, honneur, amour, louange et bénédiction au très prévenant et très fidèle amour de notre bon Sauveur, dans l'adorable et régénérante alliance eucharistique. Que son aimant et divin cœur ne cesse ni jour ni nuit de nous apprendre à lui offrir et à lui consacrer les nôtres. *Amen, amen, amen. Alleluia, alleluia.*

OFFRANDE DU PAIN.

Dieu de paix infinie, et d'infinie miséricorde, en

vous présentant ce pain qui nous vient de vous par le ministère de la terre, nous vous conjurons de l'agréer comme la symbolique offrande de notre reconnaissance pour tout ce qui nous vient de vous, et aussi comme une témoignante oblation de tout nous-mêmes, au nom de ces générations fraternelles qui ont rendu aux entrailles de la terre ce que vous aviez vous-mêmes tiré d'elle pour eux. Agréez-nous, ô Père très saint, car nous savons que votre agrément actuel de notre pâle offrande sera une source nouvelle de paix, de consolation et de secours pour nous, ainsi que pour tous les morts. *Amen, amen, amen.*

OFFRANDE DE LA COUPE.

Dieu tout-puissant, pardon ineffable et inépuisable clémence, nous ne faisons qu'un cœur et qu'une âme pour vous présenter cette coupe symbolisant l'offrande libre et volontaire de notre vie, que nous sommes heureux de vous consacrer en reconnaissance de tout ce que votre constante bonté n'a pas cessé de faire pour nous depuis que nous avons été si magnifiquement gratifiés du consolant bonheur de vous connaître. Que le miséricordieux agrément de cette infime offrande soit couvert des mérites divins de Notre Seigneur Jésus-Christ, votre éternel Fils, afin que tous les morts, pour lesquels nous vous prions, soient délivrés des liens de leurs péchés, des solidarités du péché et des innombrables satisfactions provenant de la servitude du péché. *Amen, amen, amen.*

PROFESSION DE FOI.

Je crois, ô Dieu tout-puissant, qu'il y a toujours en vous une invariable sagesse, une juste, imbornable, inaltérable et éternelle harmonie. Je crois que vous êtes bon au-dessus et par-delà toute excellence conçue, pensée, comprise ou connue de vos meilleures créatures.

Je crois que votre amour est sans bornes, sans limites, sans faiblesses, sans partialité et sans muabilité. Je crois que votre justice est sainte, profonde, lumineuse, impartiale et autant supérieure à l'idée que nous nous en faisons que votre puissance de voir l'est à la nôtre.

Oui, je crois cela, mon Dieu, et c'est ma force au milieu des contradictions de mon existence humaine; c'est ma consolation au milieu de ces innombrables épreuves par où mon cœur est contraint de passer chaque jour; c'est mon courage dans les luttes permanentes auxquelles mon péché et mes péchés m'ont assujetti; c'est ma confiance dans le travail de ma vie et en face de ces immenses ténèbres qui l'entravent.

Je crois que vous m'avez aimé avant de me créer, en me créant et après m'avoir créé. Oui, je crois cela, ô mon divin Créateur, ô mon Père, et c'est là ce qui grandit mon espérance; c'est là le phare qui éclaire la nuit de mon âme, les ombres épaisses qui, si souvent, comme des nuées vagabondes, viennent si tristement envelopper mon cœur.

Je crois que ma faiblesse, mes doutes, mes craintes du présent et de l'avenir, mes inquiétudes et mes anxiétés devant la vie et devant la mort, naissent, se fortifient, grandissent et me dominent à mesure que je vous crée à mon image et semblance, ou à l'image et semblance des autres mortels.

Je crois, ô mon Seigneur et mon Dieu, ô mon Maître et mon Père, que, si nous étions plus fidèles à étudier la vie enseignante, exemplaire et pratique de votre divin Fils Notre Seigneur Jésus-Christ, nous serions, quoiqu'avec les mêmes maux, les mêmes épreuves et les mêmes perplexités, moins abattus, moins vacillants, moins craintifs et moins malheureux.

Je crois que nous nous faisons un grand tort en ne nous familiarisant pas assez avec les divines paroles de notre bon Sauveur. Si nous nous disions plus souvent ce qu'il a mis tant d'amour à nous dire dans ce texte évangélique rapporté par l'apôtre saint Jean, texte si précis, si simple, si affirmatif et si clair : « Qui me voit, voit mon Père qui m'a envoyé! »

Ah! Seigneur, notre vie et notre mort, notre sympathie, notre affection et notre attachement pour ceux que nous ravit la mort ne seraient plus un trouble, une accablante appréhension. Ce qui s'est fait en Jésus-Christ, par Jésus-Christ, pour Jésus-Christ nous créditerait dans ce que vous faites, voulez faire et ferez pour nous jusque par-delà le tombeau, dans lequel nous devons descendre un jour. Jésus ayant été semblable à nous dans sa mort, nous montre que sa grâce divine, d'accord avec vous, nous fera semblables à lui dans sa vie.

Oui, je le confesse en vous rendant actions de grâces : tel le racheteur, tels les rachetés! Semblables à lui, moins les attributs divins, Jésus est mort, Jésus est ressuscité, et comme il a porté notre image en sa mort, en la vie qui naît de sa mort nous porterons son image.

Je sais, mon Dieu, que le péché vient souvent provoquer ma faible raison et se mettre entre mon espérance et ma foi, mais vous avez tenu à me rendre fort contre les menaces de mon péché, contre mon ignorant raisonnement et même contre ce que je prends souvent pour l'éloquente interprétation de votre divine justice. Ce tableau que l'Evangile consolateur met sous mes regards, avant la mort de notre bon Sauveur, ce sommeil si calme, pendant l'agonie de Jésus, cette fuite, cet abandon, ce reniement accompagné d'imprécations et de blasphèmes, ce que le meilleur des hommes eût flagellé de ses reproches, de son indignation, de l'amertume de son cœur, tout cela est enveloppé dans les crucifiantes douleurs de votre divin Fils, avec la cruelle impitoyabilité de ses bourreaux; et sur ce dégoûtant et révoltant ensemble tombent, comme un bain de purification et d'entière destruction, ces paroles du rachetant martyr : « Père, pardonne-leur, car ils ne savent ce qu'ils font! » Père, il est impossible de s'y tromper, cette parole était parfaitement la divine application de la vôtre, je vous reconnais en elle! J'ai lu le livre du prophète Jonas, et le Verbe qui appelait du haut du sanglant calvaire votre plus généreux pardon sur ses disciples et sur ses bourreaux, ressemble infiniment à celui qui disait au prophète ninivite : « Et moi, je ne pardonnerais pas à une multitude qui sait à peine discerner sa main droite de sa main gauche! »

Peinture complète de notre vie enchaînée dans le doute, l'incertitude et l'ignorance!

C'est encore la même puissance, la même pitié, la même miséricorde qui nous fait crier par Isaïe : « Vos constantes amertumes sont comme le feu qui épure vos âmes! Les compassions du Seigneur vous en tiendront compte et porteront sa miséricorde à jeter derrière lui tous vos péchés. » Le prophète, Seigneur, entendait déjà ce grand cri de pardon, que votre divin Fils vous adressait de sa mortelle agonie, bien plus comme le dû de ses souffrances, que comme une imploration. Il avait sans doute assisté, dans la suprême visibilité de votre connaissance éternelle, à ce solennel *consommatum est* que nous n'avons point encore entendu nous-mêmes. Car, droit, non comme l'espérance, mais comme la certitude, il nous affirme, au quarante-cinquième chapitre de son livre divin, que « la terre a reçu de son Dieu l'universel salut; que nous ne serons point confondus et que nous ne rougirons pas de honte dans les siècles éternels. »

Il va plus loin! Pour nous éviter une fausse ou

trop scrupuleuse appréciation de l'esprit qui passe par son Verbe : « Admettez, dit-il, qu'il soit possible à une mère d'oublier le fils qu'elle a enfanté; le Seigneur vous l'affirme, lui ne vous oubliera pas! » La preuve, « c'est qu'il précipitera la mort pour jamais; qu'il séchera les larmes de tous les yeux. Ne doutez pas, le prophète ajoute : C'est le Seigneur qui a parlé. »

Vous nous l'avez dit, Seigneur, par notre divin Rédempteur : « Un seul témoignage ne peut pas toujours suffire. » Aussi prenez-vous le prophète Osée pour attester, plus énergiquement encore, la consolante parole d'Isaïe. Le fils de Béeri, subjugué un instant par l'insondable ineffabilité des paroles dont votre esprit divin trempa son Verbe, dut paraître transformé lorsqu'il s'écria, devant la couche des morts sur laquelle se heurtent les vivants : Fils des sépulcres, et vous dont la poussière ira rejoindre leur poussière, voici ce que vous fait dire, dès maintenant, l'Eternel : « Je vous délivrerai de la puissance de la mort, je vous arracherai à la mort! O mort, je serai ta mort; ô enfer, je serai ta ruine! »

Merci, Seigneur! notre prière aujourd'hui sera plus forte, plus hardie, plus complète. Comme votre divin Fils est mort et ressuscité, nos frères, pour le secours, l'aide et la délivrance desquels nous prions, sont morts et ressusciteront! Comme Jésus a reconnu ses disciples après avoir quitté le tombeau, et qu'eux-mêmes l'ont complètement et généralement reconnu, nous reconnaîtrons un jour nos frères morts, et eux également nous reconnaîtront. Comme en paraissant tout à coup aux regards de Marie-Magdeleine, lorsqu'elle pleurait si amèrement sur cette aimante visibilité que lui avaient ravie ensemble la mort et le sépulcre, Jésus lui dit avec la plus ineffable douceur : « Marie! » nos morts, aimés et pleurés, viendront à nous en nous appelant mélodieusement et amoureusement par le nom que nous portions quand ils nous connurent! Comme l'heureuse Magdeleine qui, à la divine parole de Jésus ressuscité, reconnaissant son Sauveur et son Dieu, s'écria, consolée et ravie : « Mon bon Maître! » nous aussi en revoyant nos chers bien-aimés, revenant à nous du monde des

24

morts, nous nous écrierons, la joie dans notre cœur et le ravissement sur nos traits : Ma mère, mon père, ma femme, mon époux, ma fille, mon fils, mon frère, ma sœur, mon ami, mon amie! *Amen, amen. Alleluia, alleluia, alleluia.*

PRÉPARATION

A LA CONSÉCRATION DÉPRÉCATOIRE.

Que vos œuvres sont magnifiques, ô Seigneur notre Dieu; que vos pensées sont sanctifiantes et profondes! Qui est semblable à vous, puissance souveraine, qui descendez jusqu'à nous arracher au trouble et au doute que nous vous avons pourtant, hélas, si souvent préférés! Quoi, vous ne redoutez pas que notre espérance et notre sécurité, mieux affermies, nous deviennent un nouveau sujet d'audace et d'ingratitude! Où trouverons-nous assez de science et assez d'amour pour chanter votre bonté, votre ineffabilité et votre paternelle clémence?

Seigneur, Dieu de nos pères, nous vous renouvellerons nos fraternelles instances, et les intimes supplications de nos cœurs, pour tous nos frères et pour toutes nos sœurs cachés à nos sens par le si grand et si lugubre linceul de la mort. Ah! puisse ce sacrifice, que vos miséricordieuses paroles ont déjà si saintement éclairé, trouver grâce devant vous! Nous savons, par les amères douleurs de ceux qui nous ont précédés dans la tombe, combien ce moment de la séparation de vos enfants est triste et redoutable. Ceux pour qui nous vous crions grâce ont subi plus ou moins les intraduisibles déchirures qu'amène chaque jour avec elle cette désolante séparation.

Permettez-nous, ô bonté souveraine, de vous rappeler, par notre prière, cette solennelle douleur qui s'exhala du cœur de votre divin Fils, ainsi que de celui de son immaculée Mère, lorsque la mort vint au milieu d'eux leur ravir celui qui avait si saintement, si respectueusement et si généreusement été pour eux, sur la terre, ce que vous leur étiez vous-mêmes dans les cieux. Ah! Seigneur, celui qui était torturé au-dedans de lui-même en face de Lazare, dont la mort soudaine avait brisé le cœur de ses sœurs, put-il être sans larmes amères en voyant devant lui le corps inerte et glacé de celui qui, seul entre les autres hommes, avait été son secours et sa providence! Qu'ils durent être poignants et douloureux pour son jeune cœur, ces noirs adieux que sa divine et filiale affection était contrainte de pleurer sur les bords d'un sépulcre! Seigneur, Seigneur, les larmes de Jésus devant la mort de celui à qui l'Evangile nous assure qu'il était soumis, étaient les larmes qu'avaient pleurées Adam et Eve; les larmes du Sauveur du monde étaient celles qui se pleuraient dès avant le départ de l'Eden.

De faux prophètes et de faux docteurs nous disent que vous ne répondez qu'aux larmes personnelles de ceux qui vivent encore sur la terre. Le germe de nos corps, de nos maux, de nos douleurs, de nos souffrances, de nos désolations et de notre mort n'était-il pas en Adam, n'était-il pas dans cette chair perturbaturée de laquelle s'engendrent générationnellement tous nos corps? Ce qu'a pleuré votre très divin Fils en venant prendre, non-seulement notre nature humaine, mais avec elle la terrible responsabilité des causes dégénérantes et dégradantes qui la tourmentent dans ses assujettissements de la vie, comme dans ses assujettissements de la mort, c'est ce que pleure l'humanité entière, soit sur la terre, soit dans la terre. Les cris que nous poussons vers vous, aujourd'hui, sont empreints de tous ceux qui ont exprimé, qui expriment et qui exprimeront, jusqu'au jour du pardon universel, la première et la dernière douleur de notre humanité.

L'apôtre saint Paul, éclairé de votre divine lumière, le proclame et l'affirme : « Toute chair souffre, toute créature pleure. » Tous ceux qui ont été créés pour le bonheur gémissent et gémiront jusqu'à ce que votre miséricordieuse bonté les délivre. Nos morts pleurent, Seigneur, par le cœur et par les yeux qu'ils nous ont légués. Nous pleurons sur leur poussière, et la terre qui les couvre, en buvant nos larmes, nous renvoie les leurs. Seigneur, Seigneur, nous sentons par vous-mêmes que l'intérêt, que nous prenons par nos larmes à l'état salutaire de nos morts, glorifie, à leur consolant avantage, les larmes mêmes de votre divin Fils. C'est donc par sa vie, comme par sa miséricordieuse mort, que nous nous prosternons espéramment devant vous, vous offrant en notre nom, et au nom de tous les morts, ce cantique d'adorante reconnaissance et de solennelle bénédiction :

Saint, Saint; Saint est le Seigneur, le Dieu de paix, de compassion et de miséricorde. Gloire à lui dans les splendeurs sacrées de la vie éternelle! Gloire à lui dans les mondes créés par sa sagesse et son amour! Gloire au Très-Haut qui aime et qui pardonne! Gloire au Dieu clément qui console et qui relève! Que la gloire et la bénédiction montent aujourd'hui devant lui, venant de tous nos cœurs, comme de tous les cœurs de ceux qui habitent notre terre. Que la reconnaissante action de grâces des innombrables générations dont la poussière des corps s'est mêlée à la poussière de la terre, s'unisse à notre glorifiant *amen* et à notre adorant *alleluia. Amen, amen. Alleluia, alleluia.*

INVOCATION CONSÉCRATIVE.

Que ce pain soit, par la vertu et par les mérites de la passion ✠ de Notre Seigneur Jésus-Christ, le monument impérissable de notre action de grâces et le pain substantiel de notre angélité reconnue.

Que ce vin soit, par sa miséricorde ✠, changé en ferment immortel, afin que, buvant à cette coupe, nous y trouvions tous l'unité nécessaire au labeur de notre régénération.

Que ce pain ✠ et ce vin ✠ soient la nourriture de tout notre être et l'hostie ✠ de notre sacrifice pour que nous trouvions en elle, dans le désert où nous ont jetés ceux qui devaient être nos pasteurs, tout ce que s'est proposé, par la communion, chrétienne, celui qui est venu au nom de son Père pour établir sur la terre, entre tous les enfants des hommes, le saint esprit d'une égalité et d'une fraternité qui, ayant commencé dans son amour, doivent se continuer éternellement dans le recouvrement de la pure et première nature de notre création angélique. *Amen*.

POUR LES MORTS.

O Mère de douleur et de clémente compassion, nous vous présentons les malheurs, les dettes, les restitutions et les trop pesantes insatisfactions qui arrêtent ou qui affligent nos frères et nos sœurs atteints par la mort. Présentez à votre divin Fils tous les intérêts de ces chères victimes, séduites et trompées par les innombrables illusions de la vie humaine. Prenez en vos mains, ô la meilleure des mères, la cause si difficile de tous ces malheureux égarés par les contradictions et les ténébreuses obscurités engendrées sans cesse par la nature et la trop longue succession de nos péchés.

Nous invoquons ces larmes saintes et si divinement maternelles qui couvrirent le corps adorable de votre très cher Fils, lorsque vous le vîtes frappé par la mort et descendre au tombeau. Vous ne pouvez pas avoir moins de crédit sur la souveraine puissance de ses compassions divines que la veuve de Naïm, qui, pour vous nommer sa très sainte mère, se serait pieusement jetée à vos pieds devant cet autel, devant cette croix. O très affligée Mère, tous les enfants des hommes sont vos enfants; votre divin Fils est toujours dans le droit ineffable de sa toute-puissance. Du haut de la sanglante montagne de son martyre, vous ne cessez pas de voir passer tous ceux qu'emporte la mort. Vêtue encore du grand deuil de votre premier-né, prenez nos pleurs dans les vôtres, et, comme devant la mère du jeune ressuscité dont parle l'Evangile, votre aimant et miséricordieux Fils, ému de pitié, dira devant vous, à tous ces morts dominés par l'épais suaire qui les retient loin du séjour du bonheur : Levez-vous et montez vers la sainte demeure de votre Père; votre mère et vos frères vous recevront au milieu de leurs actions de grâces et de leurs bénédictions.

Nous sommes certains, ô très divine Mère, que vous nous serez propice, et que celui qui nous ordonna de nous aimer les uns les autres fera ce que vous lui demanderez avec nous. Nous l'en remercions et l'en glorifions, dès maintenant, avec vous, ô très immaculée Mère. *Amen, amen, amen.*

Adorable et suprême amour de Jésus-Christ, nous t'adorons et nous nous donnons à toi comme nous te supplions de te donner à nous. Que cette communion, à laquelle nous nous préparons, reserre, par des liens nouveaux, notre volonté d'être de vivantes hosties à ta gloire; que par ta grâce infinie et par tes mérites divins nous devenions véritablement une même chose avec toi; que cette coupe, à laquelle nous allons tous boire en ton nom, nous unisse comme les membres d'un même corps, afin que nous travaillons tous à glorifier ta mémoire et à faire adorer, par toute la terre, l'incommensurable générosité de ton amour. *Amen.*

Que mon esprit s'abaisse et s'humilie; que mon âme s'embrase et que mon cœur s'enflamme pour répondre à l'amour de Notre Seigneur Jésus-Christ qui, de sa vertu divine, a changé, pour nous et pour l'intime secours de ceux pour lesquels nous avons prié, notre sacrifice en sacrement. *Amen.*

COMMUNION.

Que cette part de notre sacrifice anime en nous, au bénéfice de tous, la vie du sacrifice.

Je boirai à la coupe des forts, j'activerai la soif de mon âme par le vin de la charité. J'adorerai mon Dieu par les mérites divins de son sang précieux et mon esprit confessera à jamais le gage du salut que lui assure l'infinie miséricorde du Seigneur. *Amen*.

Que nos cœurs reçoivent par cette coupe la grâce et la vie de la charité.

O mon Seigneur, ô mon Dieu, trouverez-vous en nous l'émotion sainte, la solennelle impression qui domina l'âme de Saül, lorsque la sibylle d'Hendor eut appelé en votre nom, des rives de vos reposantes demeures, ce saint vieillard qu'on nommait Samuel, le même qui s'était endormi avec ses pères après avoir siégé, comme un juge équitable, au milieu des enfants d'Israël?

Nous n'avons pas vu passer les délivrés que nous avons appelés pourtant avec le Verbe même qui glorifia Samuel; nous n'avons pas vu cette nombreuse parenté céleste et terrestre sortir des sphères plus ou moins obscures au sein desquelles ses péchés et la solidarité avec les nôtres la tenait enfermée; nous ne les avons pas vus passer vêtus de leurs âmes blanchies dans le sang de Jésus mort pour nous, et pourtant nous ne pouvons douter de la souveraine efficacité de notre sacrifice et de notre prière. Non, Seigneur, nous n'avons pas vu, mais si nous avions un peu plus de foi dans votre amour, nous aurions, au fond de nos cœurs, une reconnaissante certitude qui l'emporterait certainement sur ce que notre ignorance nous fait appeler si souvent les certitudes de voir. Nous n'avons pas vu la lumière, ni la puissance qui délivrent, mais nous n'en allons pas moins bénir manifestement, devant vous, ceux que nous sentons maintenant que la voix de nos larmes, les supplications de notre immaculée Mère et les efficaces compassions de votre divin Fils n'ont pu manquer de délivrer.

Réponse générale : *Amen, amen.*

BÉNÉDICTION.

Sainte fraternité dont le Dieu éternel, notre père, nous a constitués la visible expression durant le sacrifice que nous venons de lui offrir ; prière vivante qu'il a reçue et qu'il gardera dans le tabernacle de ses divins trésors, nous vous bénissons ! Vos noms sont écrits en ce moment sur les palmes des délivrés, qui vous saluent et vous bénissent. Tandis que nos mains levées sur vous leur donnent le glorieux signal qu'ils attendent pour monter aux splendides et glorifiantes demeures du Tout-Puissant, ils vont partout, sur leur passage, en répétant la bénédiction que nous venons de prononcer sur vous : Bénis soient nos frères de la terre, dont la bénédiction nous porte dans les cieux. *Amen. Alleluia, alleluia, alleluia.*

DERNIÈRE ACTION DE GRACES.

Seigneur, Seigneur, qui a, sur cette terre, des jours saints et consolants comme ceux que vous ne cessez de nous faire? Ah! ne nous éprouvez pas au-delà de cette malheureuse faiblesse que nous sommes contraints de confesser chaque jour. Notre nature peccable se fait vite aux caresses et aux avances dont vous seul êtes capable de la gratifier;

mais, Seigneur, elle est plus prompte encore à se laisser saisir par l'ingratitude.

Frères, qui voyez maintenant, dans la lumière divine, les trop nombreuses illusions qui nous séduisent et nous entraînent, priez avec nous, priez pour nous !

Bon saint Joseph, dont la vie si fidèle s'est écoulée en glorifiant le Sauveur divin et sa très virginale Mère ; âme chaste et dévouée, qui avez été blanchie dans leur respect, dans leur reconnaissance et dans leurs pieuses larmes, priez avec nous, priez pour nous !

Vierge bénie, mère de douleur, instante supplication qui regardez comme étant vos enfants tous les enfants des hommes ; vous qui avez pleuré, avec votre très divin Fils, toutes nos infidélités, toutes nos ingratitudes, toutes nos indifférences et tous nos égoïsmes, priez avec nous, priez pour nous ! Nous avons tant reçu, nous recevons tant chaque jour. Souvenez-vous, ô très miséricordieuse Mère, de ce que le Maître de la vie et de la mort nous a fait obtenir aujourd'hui de ses divines compassions; veillez-nous de votre protection la plus intime, afin qu'il nous soit donné de venir souvent devant notre Père céleste, devant son divin Fils et devant vous, évoquer de nouveau, au profit de tous nos morts, les grâces divines qui éclairent, consolent, délivrent et glorifient. *Amen, amen. Alleluia, alleluia, alleluia.*

PRIÈRES.

POUR UN PÈRE QUI A PERDU SON FILS.

Père saint, Père éternel, Père divin, notre père! C'est vous qui avez fait le cœur de tous les pères; et les meilleurs, parmi eux, sont ceux qui manifestent plus véritablement et plus édifiemment cette noble et majestueuse souveraineté d'amour dont la source protectrice et consolante n'est réellement et pleinement qu'en vous. Quelle immense douleur pour le cœur de l'homme, pour le pauvre père, de voir la mort moissonner près de lui celui que votre amour lui avait confié et que vous lui aviez appris, pour sa propre consolation, à aimer plus que lui-même. Il n'y a que vous, Seigneur, qui puissiez être le consolant confident d'une telle affliction, d'une telle douleur.

Père des pères, celui qui pleure le trésor, la joie que vous lui avez repris, ne pourra oublier de lui-même, et toutes ses forces personnelles, mêmes celles de sa foi, seront impuissantes pour effacer, de sa pensée paternelle, ces regards, ces lèvres entr'ouvertes, ce front couvert des sueurs de l'agonie, ces traits défigurés qui semblaient appeler son secours et sa défense pour empêcher l'ange de la mort d'achever l'œuvre déjà si douloureusement commencée! Dieu bon, il n'y a que ta bonté, ta compassion suprême et ton infinie miséricorde qui puissent faire rentrer le calme d'une sainte résignation dans le cœur de ce pauvre père, de cette mère désolée, de toute cette chère famille!

Ah! Père, la seule consolation qui puisse descendre dans l'âme de ceux qui pleurent ainsi sur le tombeau de leur enfant ne peut venir que de toi. Père, tu nous as choisis pour pleurer en ton nom avec ceux qui pleurent; pour prier, par les supplications mêmes de ton divin Fils, pour ceux dont la désolation et l'angoisse arrêtaient la prière. Ah! nous t'en conjurons par tout ce que tu as donné de sacré à notre ministère, pardonne à celui que nous pleurons; prends-le dans tes saintes demeures et permets, pour la plus entière consolation de ceux qui le pleurent, qu'ils sentent dans leur cœur que ce fils tant aimé habite tes divines demeures; que, près de toi, son amour pour ceux qu'il a laissés derrière lui, s'est grandi et purifié, mais qu'il ne cessera jamais de sourire, d'aimer et de bénir celui qui lui fut si doux et si cher sur notre terre.

Père infiniment bon, fais que chaque larme de cet amour paternel, séparé visiblement du cher objet de sa pieuse tendresse, soit un fleuron de plus pour le diadème de ce fils si amèrement pleuré, et que chaque *alleluia* du jeune délivré soit une nouvelle affirmation, pour le cœur du père pleurant, qu'un jour le fils et le père se reverront et,

ensemble, te béniront joyeusement de nouveau!
Amen, amen, amen.

***

POUR UNE MÈRE QUI A PERDU SON ENFANT.

Ah! Seigneur, qui sera assez éloquent pour vous
présenter publiquement, au milieu de l'assemblée de
vos enfants, la profonde douleur et les larmes amères
de cette sœur désolée qui vient de perdre l'enfant
que vous lui aviez donné? Nous sommes impuis-
sants, Seigneur, pour consoler de telles désolations;
nous le confessons : il n'y a que vous qui, ouvrant
le tabernacle divin de vos plus chers trésors, puissiez montrer à cette mère éplorée l'enfant de son
amour et de sa tendresse, pardonné et vivant dans
les ineffables splendeurs de votre gloire. Ah! Père
saint, nous pouvons bien pleurer avec elle, nous
pouvons bien prier pour elle, mais quelles paroles
lui ferons-nous entendre? en est-il dans notre langue qui puissent jamais répondre aux angoisses de
l'amour maternel? Père saint, Père adoré, c'est
vous seul qui pouvez parler à cette âme déchirée,

à ce cœur transpercé. Ah! ne différez point, nous vous en supplions par la mort même de votre divin Fils, et par le double martyre de celle qui vous en a fait si héroïquement la majestueuse et solennelle offrande pour toutes nos peines et pour tous nos maux. *Amen, amen, amen.*

A LA MORT D'UN PÈRE.

Seigneur, nous voici devant vous pour vous présenter la profonde douleur d'une famille dont le père a été tout récemment frappé par la mort. Que les larmes du foyer désolé se transforment en un bain de pénitence et d'expiation pour celui qui n'est plus parmi les siens, et si, selon notre espoir, il habite les régions heureuses et bénies du véritable bonheur, que tous les gémissements de sa famille augmentent le nimbe de ses vertus et la sainte auréole de son élévation. Rétablissez, Seigneur, cette douce et reposante communion de l'époux et de l'épouse, du père et des enfants, afin que les travaux, les prières et les bénédictions de la vie spirituelle, unis aux acceptations et aux résignations de notre vie mortelle, soient toujours dans cette famille une source inaltérable de paix, d'harmonie et de concorde dignes de votre miséricorde et de votre amour. Nous vous en supplions, ô vous qui vivez et régnez dans le siècle éternel des siècles. *Amen, amen, amen.*

A LA MORT D'UN ENFANT DE L'ŒUVRE DE LA MISÉRICORDE.

Nous sommes tous frères, Seigneur, et la foi chrétienne, qui nous tient en ce moment en votre divine présence, nous l'affirme de toute sa puissance et de toute la grandeur de sa sublime autorité. Mais, ô mon Dieu, notre passage ici bas est si court, à peine si nous nous souvenons d'hier! Nous nous endormons chaque jour dans l'ombre du passé s'épaississant de plus en plus de la mémoire et du souvenir des générations qui nous ont précédés. Celui que nous pleurons était notre frère, non-seulement selon le sang et la génération chrétienne, mais il communiait avec nous dans la nouvelle lumière qui a fondé votre Carmel. L'œuvre de la miséricorde le comptait pour un de ses généreux et courageux enfants; sa prière nous édifia souvent et l'amour sincère qu'il avait pour tout ce qui vient de vous, nous le rendait précieux et nous attachait surabondamment à lui.

Espérant, ô mon Dieu, que vous lui avez fait grâce, et qu'en le couvrant miséricordieusement des mérites divins et rédempteurs de Notre Seigneur Jésus-Christ, vous lui avez remis la plénitude de ses péchés, nous le bénissons dans cette ineffable réalisation de nos plus chères espérances. Nous le saluons dans la grande et illuminante vision de cette gloire vers laquelle nous vous supplions de nous élever pour qu'un jour nous puissions vous bénir éternellement avec lui.

Au nom du Père et du Fils et du Saint-Esprit. *Amen.*

A LA MORT D'UNE MÈRE.

Mon Dieu, une pauvre mère vient d'être enlevée à ses enfants, que leur restera-t-il ici bas si vous ne vous déclarez point leur protecteur? Ah! recevez dans le sein éternel de vos clartés celle qu'ils pleurent maintenant; recevez-la dans les trésors infinis de votre grâce et de votre amour pour qu'elle puisse veiller, avec l'entière liberté de sa tendresse maternelle, sur tout ce qu'elle a laissé en passant, de cette vie d'épreuves et de douleurs, dans cette autre vie où les plus saints eux-mêmes ne trouvent d'appui qu'en votre infinie miséricorde. Oh! oui, mon Dieu, rapprochez les distances que semble mettre la mort entre ceux qu'elle prend et ceux qu'elle laisse; que les enfants ne soient point à jamais séparés de l'amour des mères, et qu'au milieu de leurs luttes et de leurs épreuves, ils aient encore en elles, près de vous, une médiation de plus pour pleurer leurs écarts et leurs faiblesses, ou pour exciter, conseiller et bénir leurs courageux efforts, leurs travaux, leurs vertus et leurs triomphes. Vous êtes bon, Seigneur, c'est pour cela que nos cœurs s'adressent aujourd'hui tout particulièrement à votre souveraine bonté. Soyez-nous propice, faites pour les chers orphelins que nous vous présentons ce que nous serions, nous qui sommes mauvais, si heureux de faire pour eux.

Vierge sainte, honneur, gloire et fierté de l'amour maternel, nous vous confions notre supplique ; présentée par vous, nous sommes certains de son agrément, car tout ce que demandera la douce et divine mère de notre Rédempteur lui sera accordé comme si elle le demandait pour son adorable Fils. Recevez donc, ô très bonne et très secourable Marie, nos souhaits et nos désirs pour la pauvre mère que ses enfants appellent et cherchent en vain. Recevez notre prière pour ses chers orphelins, et daignez la porter vous-mêmes dans le sein fécond et miséricordieux de celui que nous aimons et adorons.

Au nom du Père et du Fils et du Saint-Esprit. *Amen.*

A LA MORT D'UNE JEUNE FILLE.

Chère enfant des mortels, les anges des cieux

t'ont regardée à l'heure de leurs fêtes; ils ont voulu parer d'une nouvelle fleur le trône du Seigneur. L'un d'eux est descendu visiter nos parterres; ses mains illuminées tenaient les ciseaux d'or avec lesquels ils coupent les lianes parasites qui empêchent les lis d'étendre leur blancheur, d'épandre leur parfum dans la pure atmosphère où passent chaque jour les enfants de Dieu; il te vit dans la serre où les plantes bénies souffrent avant d'éclore. L'air de notre monde pesait trop pour toi; le lierre trompeur t'offrait un secours qui t'eût perdue peut-être; tu n'aurais pas vécu, tu aurais végété. La graveleuse pauvreté n'allait plus à ta sève, il te fallait la rosée féconde et les doux rayonnements de l'astre du vrai jour. Il t'emporte, souriant dans l'espace heureux; ravi et fier, il te déposa près du grand tabernacle de la Reine des fleurs, de la Mère des lis. Les anges de Sion te chantèrent, et les célébrants secondèrent leurs accords par les vibrations des harpes sacrées. Le saint *alleluia* avertit tout le ciel du moment solennel où la Mère du bonheur allait t'offrir à Dieu. Ah! tu vis maintenant dans le sein ineffable de la bonté parfaite, de la joie des élus! Tu vois le bien très pur, et la grâce discrète te permet d'étendre tes regards sur ceux qui t'ont pleurée et qui te pleurent encore. Tu aimes, là, sans trouble, sans obstacle et sans crainte; les parfums de ta couronne descendent s'unir à la myrrhe bien amère de nos tristes épreuves, de nos multiples douleurs.

Ange à Dieu, notre enfant, notre sœur, notre amie, nos cœurs iront vers toi pour bénir le séjour de ta constante gloire; nos soupirs te diront que nous savons aimer par-delà notre monde et jusque dans les cieux. Toi, aime-nous aussi pour que notre communion de tendresse et de reconnaissance soit toujours et partout une harmonie sainte, digne du Seigneur. Salut, lis béni des parvis de la grâce! salut, ange brillant du divin paradis! Sois la gloire du Très-Haut et celle de Marie; la gloire de notre amour et celle de notre fraternité. *Amen, amen, amen.*

A LA MORT D'UN JEUNE HOMME.

Etre chéri, ta course est finie! L'ange du triomphe t'a prêté ses ailes! La vallée des larmes est si longue à traverser, ses sentiers sont si rudes, ses fleurs si trompeuses, ses fruits si amers! Tu as passé au milieu de nous comme passent dans nos nuits les mêmes fantômes qui peuplent nos songes. A cette dernière heure, qu'on nomme celle de l'impuissance, ton âme a tourné ses regards vers les sommets divins, et ton cœur s'est dilaté en souriant à Dieu. Ah! dès lors, la terre pour toi eût été un supplice. Si tes yeux semblaient s'arrêter, tour à tour, sur ceux qui t'entouraient, c'était pour leur dire : Par pitié, ne me rappelez pas! Je vous ai tant aimés, je vous aime tant encore, que je pourrais céder à vos touchantes larmes; comme l'adoré Jésus, il est bon que je m'en aille. Votre tendresse, vos désirs, ne sont-ils pas pour mon véritable bonheur? Souriez-moi, appelez tout haut les chers ambassadeurs des vivantes lumières. Parents, amis, je ne meurs pas, je m'illumine; je ne tombe pas, je

m'élève; je ne suis pas déçu, mes pieds vont dominer l'illusion; mes bras vont saisir la réalité, et ma
tête, sous la sainteté de vos prières, va ceindre le
nimbe des élus.

Oh! tu as dit vrai, les nuages ont fui; tu as touché le vrai, tu n'es plus assujetti, tu règnes! Ange
à Dieu, quelles furent tes erreurs ici-bas? Tu aimas
comme on aime à ton âge, tu fus croyant quand
même; tu espéras toujours. Tu pris certains reflets
du beau pour le beau lui-même, quelques semblants de justice pour la justice même; tu donnas, sans compter, les quelques heures que t'accordait le temps; tu ne sus pas haïr. Qu'aurais-tu donc
pu craindre?

Mon Dieu, nous croyons que votre grâce a couvert ce qui pourrait appartenir aux si faciles erreurs de sa jeunesse; mais s'il fallait encore, pour
l'approcher plus près de vous, une supplication
ardente, un sacrifice sacré, nous voici devant vous,
parlez à nos cœurs, prenez dans notre amour pour
lui le prix qui doit solder l'auréole divine dont
nous voudrions couronner nous-mêmes le doux et
aimant souvenir qu'il nous a laissé!

Marie, nous vous offrons nos affectueux souhaits, et nous recommandons à votre cœur maternel cet être aimé qui, avec nous, souvent vous nomma sa Mère. Marie, vous n'avez qu'un mot à prononcer pour glorifier notre affection et notre prière; dites, devant le ciel, devant notre adoré Sauveur et devant notre Père : Ce jeune ange est mon fils! *Amen, amen, amen.*

POUR LA MORT D'UN HOMME MARIÉ.

Seigneur, nul ici bas, quelles qu'aient été ses souffrances, ses privations et ses entraves, ne peut se glorifier, en quittant notre monde, d'avoir fidèlement porté sa croix et suivi le divin modèle que vous nous avez donné en Jésus-Christ, votre divin Fils. Les vertus elles-mêmes, qui ont parfois rayonné aux regards de nos frères sous le ciel sombre de notre vie expiante, ne sont pas assez puissantes pour nous justifier devant vous. C'est convaincus de ces grandes vérités que nous venons, dans l'offrande même du sacrifice que nous sommes certains que vous agréerez, vous présenter le nom, la mémoire et la mort d'un frère qui vient d'être enlevé si douloureusement à celle à laquelle il fut uni devant la société de ses frères et devant vos autels. Que les larmes répandues sur sa couche funèbre, et le dernier baiser de celle qu'il laissa derrière lui, soient, avec les fraternelles prières de nos âmes et de nos cœurs, ce que vous avez institué vous-mêmes, pour que nous l'obtenions de vous. Que votre miséricorde infinie fasse de notre frère, dans la mort, un nouvel habitant des cieux, et qu'ainsi, vivant dans vos saintes demeures, il soit, par cette douce et cordiale influence qui vient de vous, la sensible et consolante bénédiction de celle qui porte son nom sur la terre.

Au nom du Père et du Fils et du Saint-Esprit. *Amen.*

POUR UNE FEMME MARIÉE QUI VIENT DE MOURIR.

Vous l'avez dit, Seigneur, nul ne doit tenter de séparer ce que vous avez uni vous-mêmes. La mort seule a ce droit, et encore ne sont-ce pas nos trop réelles transgressions qui le lui ont donné. Aujourd'hui, ô Dieu bon et plein de miséricorde, nous venons, dans la solennité du sacrifice par la sainteté duquel nous voulons vous glorifier, vous offrir notre douleur et les larmes d'un époux dont la compagne aimée et chérie est descendue si prématurément dans le tombeau.

Celui qui a aimé et respecté en elle l'aide et l'encouragement de sa jeunesse, vient, par la voix de notre ministère unie à la voix de ces affections fraternelles qui nous entourent, vous supplier et vous conjurer de recevoir, dans vos parvis sacrés, celle qu'il ne peut plus nommer qu'à travers de douloureux gémissements. Recevez, ô très miséricordieux Sauveur, la prière de ce cœur affligé. Couvrez de vos divines compassions et des mérites libérateurs de votre divin Fils, Notre Seigneur Jésus-Christ, l'esprit, l'âme et la nouvelle vie de celle qui fait en ce moment le sujet solennel de notre instante prière. Que l'épouse, bénie et glorifiée aux mondes de la pure lumière, devienne la pieuse et consolante bénédiction de celui qui la pleure. Qu'elle soit aussi pour nous, ô infinie miséricorde, un aide nouveau et la fraternelle expression de notre intime action de grâces.

Au nom du Père et du Fils et du Saint-Esprit. *Amen.*

SACRIFICE PROVICTIMAL

POUR LE SAMEDI

UNIFICATION AUX DOULEURS DE MARIE

QUAND ON LUI APPORTA LA COURONNE D'ÉPINES.

Au nom du Père et du Fils et du Saint-Esprit. *Amen.*

Seigneur, Dieu tout-puissant, nous voici rassemblés pour vous offrir nos très humbles hommages et appeler de nouveau sur nous votre infinie miséricorde. Ce n'est pas la vaste étendue du temple qui vous attire, ô grâce souveraine de notre Dieu ! Vous avez dit, dès David : J'habiterai leurs maisons et j'en prendrai la défense.

Où notre affliction trouverait-elle un autre refuge, et à qui ferions-nous entendre plus fructueusement les cris par lesquels nous appelons votre secours et notre délivrance. Nous ne venons pas, comme autrefois le faisaient nos pères, vous offrir des génisses blanches ou les petits de nos agiles béliers; mais nous venons vous rendre gloire pour les grandes et suprêmes choses que nous savons maintenant que vos compassions et vos divines miséricordes ont fait et fait faire pour nous. Que votre sainteté est grande, Seigneur! nous le confessons tous ensemble, et nous prenons à témoin de cette auguste vérité ce divin tabernacle devant lequel nous sommes agenouillés. — Oh! n'est-ce pas, Seigneur, il n'y aura pas que les justes et les saints qui pourront vous offrir leurs louanges? L'ardente supplication de ceux qui souffrent vous sera toujours agréable.

Nous avons appris, dès notre jeune âge, que vous ne dressiez point votre tente pour protéger le péché, mais que vous avez dit souvent vous-mêmes que vous aviez envoyé votre divin Fils au secours des pécheurs.

Ah! Seigneur, nous le disons avec toute la confusion possible, nous pouvions être des saints et des justes, mais malheureusement, en face de l'esprit de vos divines Ecritures, nous sommes forcés de confesser que tout au plus nous avons été et nous sommes les trop volontaires victimes du péché. Ne nous reprenez pas dans la sévérité de votre droit, mais daignez ne nous regarder que dans l'adorable pitié de Notre Seigneur Jésus-Christ. Malgré notre péché, nos péchés, et la part solidaire que nous avons avec tous les péchés qui ont souillé nos esprits, nos âmes, nos cœurs, nos corps et notre terre, ah! ne repoussez pas nos cris de détresse et ne restez pas sourd à la voix suppliante de toutes nos humiliations. En appelant, du sein de vos divines miséricordes, le pardon que nous vous conjurons de nous accorder, nous implorons très humblement et très respectueusement de nouveau celui que n'ont point encore obtenu les péchés de nos pères.

Nous nous rappelons que vous avez autrefois dit à Moïse, en parlant de ceux que vous avez consacrés pour vous offrir des sacrifices : Je veux prouver ma sainteté par ceux qui m'approchent, et je veux être glorifié par eux devant tout mon peuple.

Nous savons que vous avez dit encore : Que ceux qui me sont consacrés se sanctifient avant d'approcher de l'autel sur lequel ils m'offrent la prière de leurs frères, crainte qu'au lieu de trouver la vie qu'ils appellent, ils ne trouvent que la mort!

Vous aurez pitié de nous, ô suprême et infinie miséricorde, car c'est avec vérité que nos cœurs s'écrient : Vos ministres et votre peuple, Seigneur, se tournent vers vous en conjurant votre grâce et votre infinie bonté de leur pardonner!

Pardonnez-nous, ô toute-puissante miséricorde; pardonnez-nous, pardonnez-nous, pardonnez-nous!

Réponse générale : *Amen, amen.*

O vous tous qui êtes unis à notre prière et qui partagez nos gémissements, nos cœurs ont crié grâce vers la justice suprême de celui qui nous a créés. Elevons plus haut encore les supplications de nos âmes; embrassons, du pied de cet autel, l'immense responsabilité qui pèse sur nous, sur le passé et sur le présent de tous nos frères. Après avoir offert nos gémissements à celui duquel nous séparent nos crimes, adressons-nous à notre Père et, ne faisant tous ensemble qu'une voix, disons-lui avec la plus entière confiance :

« Notre Père qui êtes aux cieux, que votre nom soit sanctifié, que votre règne nous arrive, que votre volonté soit faite en la terre comme au ciel; donnez-nous aujourd'hui notre pain supersubstantiel; pardonnez-nous nos péchés comme nous pardonnons à ceux qui nous ont offensés, ne nous laissez pas surprendre par la tentation, mais délivrez-nous du mal. *Amen.*

A MARIE.

Nous vous saluons, ô Marie, ô la plus compatissante des mères! Nous saluons en vous le véritable et très pur habitacle des grâces miséricordieuses du Seigneur. — Nous sommes coupables envers vous, car nous avons souvent péché en profanant les secours qui nous ont été tant de fois, obtenus par vous, tant sur la terre que du haut des cieux.

Nous avons péché contre cette tendresse maternelle que vous n'avez jamais cessé d'avoir pour nous. O Mère très sainte, ô Mère très généreuse et très bonne, en ce moment où nos cœurs se sont retournés du côté de celui que votre très divin Fils nous a appris, près de vous, à nommer notre Père, pardonnez-nous ces monstrueuses ingratitudes qui n'ont eu le pouvoir de vous contrister que par la sainte et maternelle étendue de l'amour que votre très cher cœur n'a pas cessé un seul instant d'avoir pour nous. O sainte, ô bonne, ô divine Mère, répétez au cœur de votre divin Fils la supplication que notre sincère repentir adresse à votre cœur maternel; conjurez-le d'unir sa voix à la nôtre, afin que, répétant à son Père notre instante supplication par laquelle nous le conjurons de nous délivrer du mal, il nous accorde, dès maintenant et à cette heure même, le pardon, l'absolution et la rémission de nos péchés, afin que le sacrifice que nous nous disposons à lui offrir pour le glorifier en votre divin Fils et glorifier votre divin Fils en vous, lui soit plus dignement, plus purement et plus saintement offert.

Réponse générale : *Amen, amen, amen.*

ABSOLUTION

APPARTENANT EXCLUSIVEMENT AU PONTIFICAT DIVIN.

Le Pontife célébrant vocalement restera agenouillé, tandis que le Pontife assesseur se lèvera en face de l'autel et dira ce qui suit :

O Dieu, Seigneur, le saint esprit de vos divines miséricordes nous rappelle cette grande et souveraine affirmation de l'exode : Vous tous, que j'ai prévenus en vous tirant de votre oppressante servitude, sachez que vous devez être regardés comme appartenant à mon royaume sacerdotal et à ma nation sainte ; que les Pontifes, qui sont appelés à m'offrir plus particulièrement des sacrifices, portent sur leur front le vivant témoignage de ma sainteté. C'est pourquoi, après nous être humiliés devant vous, ô tout-puissant Seigneur, nous vous conjurons de donner sanction et plénitude à la suprême application de ces paroles que nous allons prononcer sur la tête de notre frère, que votre prévenante grâce a fait au pied de cet autel l'instant, et suppliant appel de votre miséricordieux pardon, pour ses péchés d'abord et ensuite pour les péchés de tous ceux qui sont venus dans ce sanctuaire avec l'intelligent et ardent désir de prendre part au sacrifice de provictimale glorification que chacun de nos cœurs se prépare si véritablement à vous offrir.

Au nom du Père et du Fils et du Saint-Esprit. *Amen.*

Se tournant vers le Pontife agenouillé, le Pontife assesseur, les mains étendues sur sa tête, dira :

Par la vertu toute-puissante de l'auguste ministère dans lequel nous avons été consacrés, nous vous absolvons, ô notre frère, et nous vous couvrons des mérites justificateurs et régénérateurs de la vie, des souffrances, de la suprême effusion du sang et de la mort toute salutaire de Notre Seigneur Jésus-Christ.

Au nom du Père et du Fils et du Saint-Esprit. *Amen.*

Paróles de l'absolution que le célébrant, dans l'ordre vocal, prononcera sur ses assesseurs et sur l'assemblée des fidèles :

O vous que la miséricorde éternelle a réunis en ce lieu, la vérité de sa présence suprême remet devant moi le majestueux énoncé de ces paroles : *Sanctifiez-vous et soyez saints, parce que ma présence est sainte, et que je suis celui qui est la sainteté même.* C'est pourquoi après avoir reçu, devant vous, le pardon qui relève et la grâce qui justifie, je m'élève dans toute la sublime hauteur du ministère divin dont il a plu au tout-puissant Seigneur de me gratifier et je prononce sur vous, comme j'affirme devant lui, l'auguste efficacité applicative de ces divines paroles : Que les mérites justificateurs et régénérateurs de la vie, des souffrances, de l'ineffable effusion du sang de Notre Seigneur Jésus-Christ, ainsi que la plénitude satisfactoire de sa très douloureuse mort et de son indépendante résurrection, vous couvrent et vous inondent pour vous sanctifier édifiemment en cette vie et glorieusement dans la vie éternelle.

Au nom du Père et du Fils et du Saint-Esprit. *Amen.*

ACTE D'ADORATION ET DE RECONNAISSANCE.

O mon Dieu, qui donc aura assez d'années sur

cette terre pour vous bénir et vous adorer selon que nous presse de le faire cette bonté suprême et infinie que chaque jour vous semblez vous plaire à nous faire connaître davantage! Nos cris de détresse, la vérité de notre repentir ont fait violence à votre pitié, et vos compassions ineffables nous ont répondu par une surabondante effusion de votre divine miséricorde. Ah! vous êtes bon, Dieu d'Abraham, d'Isaac et de Jacob. Vous renouvelez pour nous, sous des formes non moins solennelles, les grands témoignages de cet amour qui a tant de fois prévenu nos pères. En vérité, notre faiblesse nous rend, bien plus que Jacob, forts contre vous, et nous avons un droit tout autre que le sien de nous écrier : Nous avons vu notre Dieu face à face, et nous nous sommes tout à coup sentis justifiés.

O vivant et incontestable amour de notre Père, nous vous adorons et nous voulons vous glorifier par le généreux et surabondant amour de votre divin Fils! O Jésus-Christ, notre hardiesse, notre relevante humilité, notre force au milieu des innombrables tentations qui ne cessent de menacer notre faiblesse, nous vous bénissons et nous vous adorons de toutes les plus actives profondeurs de notre âme et de notre cœur. Amour divin, amour eucharistique, amour humain, divinisant et si incontestablement divinisé, pour mieux et plus saintement vous glorifier, nous vous présentons, dans la présence divine de ces hosties sacrées, toutes les resplendissantes affinités du sang très pur et très virginal par lequel fut formé votre corps adorable dans le sein de Marie, votre très sainte et très immaculée mère.

Au nom du Père et du Fils et du Saint-Esprit. *Amen.*

OFFRANDE DU PAIN.

O Dieu tout-puissant, ô éternel Roi, nous vous présentons tous ce pain, par la présence symbolique duquel nous voulons attester, devant vous, que la diversité manifestative de nos volontés personnelles et de nos dispositions particulières ne font en ce moment, pour vous glorifier dans l'offrande du Sacrifice provictimal, qu'une seule et même volonté et qu'un unique désir se rapportant intimement et consciencieusement à nous constituer tous une seule hostie, pour glorifier en vous, plus solennellement et plus reconnaissamment, l'hostie des hosties votre divin Fils, notre Sauveur et le Sauveur de tous!

Réponse générale : *Amen, amen, amen.*

OFFRANDE DU VIN.

Dieu des dieux, Père de tous, nous ne faisons ici, dans votre sanctuaire, qu'un cœur et qu'une âme pour vous présenter cette coupe, vous conjurant de changer l'impuissance et l'inefficacité méritante du vin qu'elle contient en un breuvage de force, de courage, de sanctification et de glorification, afin qu'après y avoir pris part, tous tant que nous sommes, nous soyons trouvés dignes d'attirer votre grâce miséricordieuse en nous pour porter, au milieu de l'assemblée de nos frères, le parfum purificateur, édificateur et libérateur de ces grâces actives et opérantes qu'on ne trouve qu'en vous qui en êtes, avec votre très divin Fils et votre Saint-Esprit, la source féconde et éternelle.

Réponse générale : *Amen, amen, amen.*

PROFESSION DE FOI.

Anges des cieux, saints apôtres, saints martyrs et vous tous qui vivez dans les adorables immensités de cet éternel bonheur qu'on ne trouve que dans la gloire éternelle du Dieu trois fois saint; anges bénis que la sagesse divine a commis à la garde de tous les enfants des hommes; dévoués protecteurs de nos maisons et de nos cités, nous confessons devant vous, devant le trône de l'Agneau mis à mort dès le commencement, devant les mondes, devant notre terre même et devant les enfers, que nous croyons saintement, pleinement et certainement que l'éternelle toute-puissance de Dieu nous a créés avec les nobles et royales facultés de voir, de sentir, de comprendre, de connaître, de vouloir, de savoir et d'aimer. Nous croyons, de toutes les forces de notre âme, que l'amour toutpuissant de notre Créateur ne s'est jamais séparé de nous parce que cet amour est immense, infini et immuable comme la toute-puissance qui nous le fait connaître; nous croyons donc fermement et confiemment que l'amour, la bonté, la grâce, le pardon et la miséricorde sont, en celui qui nous a créés, une même plénitude de force et d'application efficace que l'est la plénitude de sa justice et de son droit. Oui, nous croyons que nous avons été aimés dans notre création, dans notre humanisation, dans notre rédemption; que nous le sommes encore, que nous le serons toujours et que nous ne cesserons jamais de l'être.

Nous affirmons donc que l'auguste connaissance qui nous est donnée, en ce qui concerne les infinies et invariables perfections de notre Dieu, ne nous a été donnée que pour notre plus grande consolation, ainsi que pour établir en nous la plus inébranlable confiance de nos âmes et de nos cœurs; confirmation suprême de cette dogmatique, rationnelle et universelle définition : Dieu, notre Dieu, est amour!

Amen, amen, amen.

PRIÈRE AU SAINT-ESPRIT.

O vous, Esprit divin et éternel, qui êtes et serez toujours l'éternelle et souveraine lumière, rendez-vous propice à l'appel que nous vous faisons, maintenant que nous nous disposons à entrer dans les douloureuses et amères considérations de ce nouveau jour de deuil et d'angoisses qui s'ouvrit pour l'âme si pure, si chaste et si aimante de la très immaculée Mère de Notre Seigneur Jésus-Christ, le lendemain même qui succéda au si douloureux et si terrible sacrifice de son divin Fils.

Esprit de grâce et de vérité, c'est dans la demeure de l'apôtre saint Jean et par conséquent, alors, chez la divine Mère de Jésus-Christ crucifié, que notre piété filiale veut pénétrer. La pensée, le désir et la tendre affection, qui pressent nos cœurs en cette solennelle circonstance, n'appartiennent, vous le savez vous-mêmes, ô imbornable lumière, qu'à la plus sainte et à la plus respectueuse vénération.

Pleurer sous le grand *memento* des pleurs de

notre aimante Mère; vous glorifier, vous, qui avez mis votre gloire à nous faire connaître qu'elle fut créée, dès le commencement, l'auguste et vivant tabernacle de vos divines opérations, tel est, ô Saint-Esprit, notre but et notre ardente espérance. *Amen. Alleluia, alleluia, alleluia.*

PRÉPARATION

A LA CONSÉCRATION DÉPRÉCATOIRE DE CE GLORIFIANT SACRIFICE.

Vous m'avez écouté favorablement, ô radieuse et invincible lumière, vous m'avez exaucé afin de me donner la force de vous crier comme le roi-prophète : O Dieu de nos âmes, je ne veux plus tarder à célébrer votre gloire! Mon cœur est préparé, et les cœurs de ceux qui vont m'entendre sont prêts à s'unir à cet hymne sacré dont chaque note glorifiante est une douleur sanctifiée par le cœur de notre très immaculée Mère.

Levez-vous et prenez la fuite, nuages et ombres qui vous êtes si longtemps étendus sur le sol de l'ancienne Jérusalem; levez-vous et restez derrière la montagne de Sion, tristes obscurités que nos péchés attirèrent trop souvent du puits fatal de l'abyme. Le Seigneur n'est pas avec nous comme il était avec Moïse sur la haute montagne devant laquelle tremblait Israël, nous sommes devant l'auguste et divin Trématique. Nos yeux ne se fermeront plus sur les eucharistiques hiéroglyphes qui les défiaient dans la pénétration prématurée de l'histoire qu'ils contiennent, nous pouvons lire aujourd'hui le caractère vivant des sept grandes phases qu'ils signalent.

Si nous avons à gémir sur la semaine de nos défaites, nous avons, pour consacrer nos larmes et nos douleurs, les larmes sacrées et les consacrantes douleurs de Jésus et de Marie. Notre semaine de trouble et de honte, d'ingratitude et d'impiété est entièrement cachée et miséricordieusement purifiée par la semaine sainte sur laquelle resplendissent, comme un monde de glorifiants soleils, le double martyre de Jésus et de Marie. Générations endormies dans le vaste linceul des siècles, levez-vous et venez! L'Esprit qui vous glorifiera veut que je parle et que vous m'entendiez. Notre lundi est marqué du cachet qui rappelle notre création angélique; l'Esprit qui le sanctifie, pour qu'il soit ce qu'il nous doit être, se nomme vie, lumière, amour.

Le mardi, sous des teintes sombres, mais non désespérantes, nous cache le grand *Quis ut Deus!* qui fait redire aux échos de l'abyme : Orgueilleuse révolte, impuissance et ténèbres.

Le mercredi s'éveille sous des tons moins tristes et moins sévères; l'Esprit, qui laisse tomber ses prévenantes clartés sur son disque historique, chante la preuve ineffable de la clémence divine, la miséricordieuse humanisation, la royauté édenale!

Le jeudi est couvert d'un rire insolent et dominé par un affreux sarcasme; une voix qui cingle, comme avec des lanières acérées, s'élève contre nous dans les accablantes hauteurs d'une haineuse accusation; elle crie : Sacrilége, présomption, outrageante ingratitude, honteuse transgression!!!

Le vendredi s'éclaire par des lueurs sinistres; un trône se dresse sur l'orbe des ténèbres, un verbe, que les échos n'osent point reproduire, répète sans cesse : Empire du mal, défiguration de l'homme, douleurs, larmes, agonies, terrifiant silence, solde du péché!

Le samedi a des clartés comme il en naît à travers les épaisses vapeurs qui suivent les orages; la terre scelle dans son sein le dû de la nature humaine; les anges fidèles appellent au jugement; la loi de justice est appuyée sur deux grandes lettres majuscules, l'une d'elles signifie épuration, l'autre transformation.

Le septième jour, le dimanche ou le sabbat, le ciel est pur, le paradis de délices, sous la forme d'un cœur, montre, écrits au fronton de sa porte de saphir, ces noms lumineux que tous ceux qui entrent lisent en chantant l'*alleluia*. Ces noms sont : résurrection, réconciliation, élection et dilection.

Je vous salue alphabet du livre éternel, je vous salue dans votre vivant tréma eucharistique! Et vous, qui nous l'avez si miséricordieusement donné, nous vous adorons et nous vous bénissons de toutes les forces permises ou données à nos cœurs. Nous saluons le jour de demain qui sera le figurant sabbat de notre espérance, puis nous nous arrêtons pour célébrer ce samedi-ci, dans les grands témoignages qu'il nous apporte sur l'espérante sanctification dont l'a pénétré l'amour si pur, si saint, si dévoué, de Jésus et de Marie!

La Vierge très sainte, les pieuses femmes qui n'avaient point un seul instant quitté le divin Martyr avaient, avec l'aide de saint Jean et de Joseph d'Arimathie, enseveli le corps très adorable de l'auguste Victime descendu de la croix. Aussitôt que la dépouille mortelle du Sauveur du monde fut enfermée dans les entrailles de la terre, comme y sont enfermés tous les voilés d'un corps terrestre, la divine Mère et les saintes amies, qui la suivaient avec toute la solennité de leur respect et de leur foi, se rendirent à la demeure de l'unique apôtre présent à la mort si cruelle et si salutaire du divin Rédempteur.

Jean et Joseph d'Arimathie marchèrent devant cette Reine de souffrance et de douleur, veuve comme la veuve de Naïm, mais moins privilégiée qu'elle, à qui celui qui venait d'être livré à la mort avait, quelques jours avant, rendu si compassionnément son fils. Marie s'était appuyée sur le bras de Marie Salomé, et, dans toute la majesté de sa douleur, elle avait obéi, en entrant au foyer de l'apôtre, à ces divines paroles de son très divin Fils, qui, du haut du trône suppliciant de son royal martyre lui avait dit en lui désignant le plus jeune de ses disciples : *Voilà ton Fils!...*

En entrant chez le jeune apôtre, Marie, qu'à travers ses larmes les plus amères le prophète Jérémie avait désignée comme devant apparaître aux regards des cieux et de la terre sous la désolante figure d'une vigne vendangée prématurement; Marie, la Mère de Jésus crucifié, s'était assise sur le siége que la piété filiale de l'apôtre lui avait respectueusement offert, et de cette voix que semblait avoir plus manifestement encore divinisée la mort de son très cher Fils, elle avait dit à ceux et à celles qui l'entouraient : « Ne vous effrayez pas de mon délaissement, je pleure bien plus ceux qu'il aimait que je ne le pleure lui-même. Je pleure sur ceux qui pleureront si sévèrement un jour les larmes qu'ils ne voudront pas pleurer avec lui. Je pleure des souffrances dont l'efficacité méprisée deviendra, dans ce monde déjà si malheureux, une nouvelle source de malheurs! Ne vous abandonnez pas à une désolation qui serait au-dessous de l'amour que nous devons tous, plus que jamais, à celui qui est maintenant dans l'inattaquable toute-puissance de son triomphe; pleurons sur nous, sur la famille qui nous doit naître, et habituons nos cœurs à reporter la force entière de nos sollicitudes sur cet héritage appelé à marcher dans la douloureuse voie qu'il vient d'ouvrir.

« L'Adam rédempteur a trouvé, dans ceux pour le salut desquels il s'est rendu coupable, une sentence et une mort dont son amour si pur et si saint fit grâce au premier Adam. Lui, qui est le seul et l'unique pardon, n'a trouvé, dans le cœur de ceux à qui il apportait sa divine grâce, que colère et vengeance. Hélas! hélas! ce que l'injustice humaine a fait contre lui est le douloureux témoignage de ce qu'elle sait lui être dû à elle-même. Le Juste est rentré dans le sein de sa victorieuse justice; il s'est déjà réjoui en face de son Père.

Hélas! hélas! combien qui, au seuil de ce royaume qu'ils nomment la mort, se troubleront et se désoleront en face de ce qu'il a souffert pour leur épargner la honte et la confusion qui les domineront alors. »

La voix de la divine mère s'éteignit peu à peu, comme s'éteignent les notes sacrées d'un de ces ravissants cantiques que l'orgue de la maison de Dieu accompagne aux fêtes solennelles. Les yeux de Marie se fermèrent; son attitude prit une forme nouvelle, on eût dit qu'elle assistait intérieurement à quelque grande et miséricordieuse scène dont son divin Fils se trouvait être le tout-puissant héros. Les saintes femmes s'agenouillèrent près d'elle.

Joseph d'Arimathie emmena le jeune apôtre en sa maison pour prendre un peu de repos et choisir avec lui les gommes et les autres arômates qui devaient servir, après la solennité du sabbat, à achever l'embaumement du Sauveur divin...

La sainte Mère de Jésus rouvrit ses yeux, si terriblement brûlés par les larmes; elle ne dit rien de ce que la lumière divine lui avait permis de voir pour reposer un instant son âme déchirée. Touchée de compassion pour ses saintes compagnes, elle les conjura de se confier au sommeil, et, pour l'emporter sur leur pieuse résistance, elle leur demanda pour elle ce que la respectueuse affection de leur cœur semblait leur défendre d'accepter.

Le lendemain, de grand matin, qui est devenu depuis lors notre samedi, l'apôtre saint Jean fut chez Nicodème, à qui avait été confié le grand linge qui avait servi à descendre le Sauveur de la croix, les clous qui avaient scellé ses mains et ses pieds à l'arbre du supplice, puis la terrible couronne d'épines dont chaque pointe était non-seulement teinte du sang adorable de l'auguste Victime, mais, de plus, chargée de la chair sacrée de son front divin.

Jacques, frère de Jean, et Jude, appelé par sa parenté si proche de saint Joseph le frère du Seigneur, arrivèrent en même temps chez le fidèle Nicodème. Jean couvrit la douloureuse couronne avec le sanglant suaire et il cacha le tout dans un linge de fin lin que lui offrit Nicodème; puis, couvrant de son manteau ces trophées glorieux, il prit, avec ses frères apostoliques, les rues les plus détournées et les plus désertes pour arriver à son humble demeure, qui était devenue maintenant la sainte demeure de la divine Mère de Jésus.

Marie, ayant près d'elle Marie Cléopas, Marie Jacobé et Marie-Magdeleine, reçut, avec le même respect et la même cordialité, l'apôtre qui avait assisté si fidèlement à la mort de son divin Maître et les deux que la frayeur, ou la trop grande sensibilité, en avait tenu éloignés.

Un pieux embarras se trahissait sur les traits de Jean, comme sur ceux de ses frères; tous trois étaient préoccupés du mode qu'ils devaient employer pour dérober aux regards de la sainte Mère de Jésus le terrifiant et sanglant témoignage du barbare sacrifice qui avait tué son Fils. Marie leva sur Jean ses yeux qui semblaient ne plus pouvoir jamais verser d'autres larmes, tant ils en avaient versé depuis le jour où la jeune fille d'Anne avait quitté la pieuse demeure de ses parents, jusqu'à cet autre jour où son Fils adoré l'avait quittée lui-même pour entrer chez les morts.

Jean baissa ses longues paupières, ses traits pâlirent, quelques gouttes d'une sueur douloureuse et froide perlèrent sur son front.

« Jean, je vous afflige, lui dit d'une voix toute divine la plus douce et la meilleure des mères; ne vous troublez pas, mon ami; il n'y a plus de choc qui puisse effrayer mon cœur! Son corps m'est ravi, mais l'Eternel a permis qu'il me reste, après lui, de vivants témoignages de ce brûlant amour qui l'a bien plus impitoyablement crucifié que ne l'ont fait la fureur et la férocité de ses bourreaux! Laissez-moi voir encore ces trophées de souffrances sous leur aspect déchirant; sa grâce et son amour nous en diront la gloire! « Jean déposa aux pieds de la divine Mère, comme aux pieds d'un souverain juge, ces témoignages d'un assassinat bien plus sacerdotal que national.

Marie s'agenouilla en déployant le grand suaire, elle y porta ses lèvres; puis, joignant ses mains, elle arrêta ses yeux sur la couronne d'épines. « Te voilà donc, dit-elle, couronne d'injustice, de révolte et d'anathème; te voilà, signe barbare et inique

31

de la fausse et mensongère royauté; te voilà, dans toute ton horreur symbolique, fatale couronne que l'orgueilleux égoïsme des plus chères créatures du Seigneur a préférée à la couronne lumineuse que l'Eternel, en les créant, avait fixée sur leur front! Ah! mon Fils, ah! Jésus, c'est ainsi que l'abominable péché a changé toutes choses.

« Couronne de risées, de douleurs et de sarcasmes, quelle que soit la main qui t'appliquera désormais sur le front des mortels, entre le front de la victime ou du supplicié, tu trouveras toujours pour émousser la férocité de tes dards le front de mon Fils adoré et, pour guérir les blessures que tu es encore capable de faire, les larmes de celle qui te portait dans son cœur de mère avant que tu eusses reçu le pouvoir de déchirer si sacrilégement la tête de son si divin Fils.

« Oh! que tu as souffert, sainte et adorable Victime! Ah! que tu as aimé pour souffrir ainsi devant ta Mère. Oh! que celui qui m'a créée a mis d'amour dans mon cœur pour qu'il me soit possible de vivre encore après t'avoir vu abandonné à de telles souffrances, à un tel martyre! »

Les saintes femmes et les trois apôtres s'étaient aussi agenouillés. Les pauvres femmes sanglotaient, car les douleurs de la veille avaient épuisé les sources de leurs larmes. Les apôtres avaient spontanément caché leur tête dans leurs mains. Une suave clarté couvrit la tête et les traits de la divine Mère; ses mains s'élevèrent vers le ciel, comme si son âme eût été appelée subitement à la voyance suprême de Dieu! « Amour divin, brûlant et consumant; amour, dit-elle, cette couronne est l'effrayante invention dont l'enfer s'est servi pour exécuter ses brutales vengeances. Avant de remonter vers toi, ton Fils adoré en a fait jaillir la gloire royale qui couronnera l'abnégation, le dévoûment et le sacrifice de tous les enfants des hommes rachetés par ses souffrances, par son sang et par sa mort! Mon Fils bien-aimé n'a laissé à la terre ce douloureux et sanglant témoignage que pour mieux faire comprendre à ceux pour qui il a souffert, ici bas, la royauté du crime! Il a mis les hommes à même de distinguer ainsi la terrible différence qui existe entre la justice des hommes et celle de Dieu;

cette sanglante couronne leur dira sans cesse, jusqu'à ce que sa justice sainte établisse enfin son trône sur cette terre : Soyez juges, je suis le don des hommes, et celui qui m'a acceptée pour vous épargner les plaies que je fais, est le don de Dieu! »

La voix de la divine Mère cessa de se faire entendre. — La sainte assemblée crut que le ciel l'avait rappelée à lui pour la rapprocher à jamais de son divin Fils. — Elle fut près d'une demi-heure dans cette pose extatique. — Les saintes femmes et les apôtres étaient réellement consternés. — Jean prit le trophée divin et l'emporta dans la pièce la plus retirée qu'avait choisie Marie; il plaça la couronne d'épines sur le vaste suaire, puis revenant vers la Mère de douleurs, il dit à l'assemblée : Laissons-lui ces augustes témoignages; n'est-ce pas là tout le visible et royal héritage que lui a laissé son divin Fils? *Amen*, répondit Marie. Puis, saluant l'assemblée, elle se retira avec Marie Salomé et Marie-Magdeleine pour arroser de nouvelles larmes ces douloureux mais éloquents témoignages de l'amour divin que Jésus-Christ avait eu si immensément pour nous.

Seigneur, nous aussi nous voulons nous prosterner et vous glorifier devant ces divins témoignages du suprême amour de votre divin Fils, et de la part si douloureuse que prit notre immaculée Mère à son divin martyre. Si nous n'avons pas sous nos yeux le linceul teint du sang de notre Rédempteur, ni la couronne d'épines qui déchira si cruellement sa tête sacrée, nous avons l'hostie elle-même. C'est donc devant elle, par elle et avec elle que nous vous disons, du plus profond de notre cœur :

SAINT, SAINT; SAINT est le Seigneur le père des miséricordes, celui qui, par notre très immaculée Mère, nous a donné l'hostie sainte, l'hostie divine, l'hostie d'expiation et, en elle, la vie, la lumière et la paix.

Amen. Hosanna! Alleluia, alleluia.

CONSÉCRATION DU PAIN.

Que ce pain, ô Seigneur notre Dieu, vous soit, par les mérites infinis de la passion et de la mort victimale de votre divin Fils ✠, l'hostie réelle et

vivante de notre personnelle et volontaire provictimalité. *Amen*.

CONSÉCRATION DE LA COUPE.

De même, ô miséricordieux et tout-puissant
Seigneur, que votre divin Fils vous consacra son
sang et sa vie adorables par le calice d'alliance
qu'il nous a laissé, agréez et sanctifiez cette
coupe ✱, afin que le vin qu'elle contient ait, devant vous, la propriété glorifiante d'une sainte
provictimalité, unie intimement et reconnaissamment à la divine victimalité de Notre Seigneur
Jésus-Christ, pour vous glorifier plus solennellement et pour attirer sur nous tous, et sur l'ensemble de nos frères, votre très unifiante et très
harmonieuse paix. *Amen, amen*.

POUR LES MORTS.

Dieu d'infinie miséricorde et de suprême compassion, au nom de l'hostie sainte et adorée que
nous possédons comme certitude de l'obtention de
plusieurs délivrances, nous vous conjurons, par

l'amour de la plus sainte des victimes, par cet amour sans bornes de Jésus mort pour nous, d'appliquer, plus particulièrement aujourd'hui, les mérites libérateurs de nos trésors eucharistiques partout où souffrent, pleurent ou gémissent ceux qui nous ont laissés sur cette terre en descendant dans les sombres mystères de la mort. *Amen.*

Adorable et suprême amour de Jésus-Christ, qui nous a fait connaître la très pure et très immaculée pureté de Marie, nous nous donnons à toi, comme nous te conjurons de te donner à nous. Que la communion que nous allons faire resserre, par des liens nouveaux, notre volonté fixe d'être toujours de vivantes hosties à ta gloire; que l'amour, que tu n'as jamais cessé d'avoir pour nous, nous apprenne à être et à nous faire toujours une même chose avec toi; que cette coupe, à laquelle nous allons tous boire en ton nom, nous unisse comme les membres d'un même corps, afin que la vérité et la sainteté de notre provictimalité, en te glorifiant sans cesse, deviennent la constante édification de nos frères et la filiale bénédiction de ces tendres et maternelles sollicitudes que nous savons que ta sainte et divine Mère a toujours eues pour nous. *Amen, amen.*

Que mon esprit s'abaisse et s'humilie; que nos âmes s'embrasent et nos cœurs s'enflamment pour participer plus dignement et plus saintement à l'échange divin que nous accorde l'amour miséricordieux de Notre Seigneur Jésus-Christ. *Amen.*

DISTRIBUTION DE L'HOSTIE.

Que cette part de notre sacrifice grandisse en nous la vie du Sacrifice. *Amen.*

Je boirai à la coupe des forts, j'activerai la soif de mon âme par le vin éternel de la charité; j'adorerai mon Dieu par les mérites divins de son sang précieux, et mon esprit confessera à jamais le gage du salut que lui assure l'infinie miséricorde du Seigneur. *Amen.*

DISTRIBUTION DE LA COUPE.

Que nos cœurs reçoivent, par cette coupe, la vie effective de la charité. *Amen.*

O bon, ô divin Jésus, après avoir arrêté nos cœurs devant cette couronne d'épines qui déchira si cruellement votre tête adorable; après avoir assisté à la si douloureuse remise qui en fut faite à votre très affligée Mère, nous sommes contraints et forcés même, par tous ces effrayants témoignages mis si souvent sous les yeux de notre âme, de nous écrier : Grand Dieu, de quel amour vous nous avez aimés! — Si vous n'étiez venu à nous que dans votre gloire et pour nous prodiguer des caresses, nous aurions pu croire que c'était vous que vous aimiez en nous; mais abaisser votre divinité pour revêtir le corps de nos souffrances et pratiquer la vie de nos douleurs, rien dans le ciel, rien dans la gloire, rien dans votre toute-puissance n'était capable de nous prouver aussi éloquemment, dans notre vie mortelle, la divine profondeur et la suprême infinité de votre amour!!! — Que l'honneur, la gloire et l'éternelle louange qui sont éternellement dus à votre immuable souveraineté vous soient sans cesse rendus par nous dans le très pur et très immaculé cœur de votre très sainte

Mère. *Amen, amen. Alleluia, alleluia, alleluia.*

BÉNÉDICTION.

Que la grâce et la sainteté des considérations devant lesquelles la divine lumière du Seigneur nous a placés, donnent à nos cœurs l'intelligence et la sagesse de mériter chaque jour de se placer entre la couronne d'épines de notre bon Sauveur et le cœur de son immaculée Mère, comme une couronne de reconnaissance et de glorification, afin que, fondés de plus en plus dans cette bénédiction que nous appelons des cieux, nous soyons sans cesse dans l'amour de Jésus et de Marie, l'universelle bénédiction de nos frères et de notre terre.

Au nom du Père et du Fils et du Saint-Esprit. *Amen.*

DERNIÈRE ACTION DE GRACES.

O jour de deuil, de silence et de dépouillement terrestre, jour d'imposant témoignage et de solennel jugement. L'Eternel ne s'est pas contenté de s'abaisser jusqu'au sanglant assujettissement à nos misères et à nos peines, il a souffert plus qu'aucun de nous, et il a consenti à mourir comme le plus coupable d'entre nous! Son corps, divinisé par sa nature immortelle et sanctifié par une infinité de vertus éternelles, a été, comme le corps du dernier des pécheurs, caché dans le sein de la terre! Le péché et Sathan craignant que quelques-unes des suprêmes vertus qui les avaient tant humiliés ne vinssent à s'échapper de son tombeau, le scellèrent et payèrent des archers pour le garder.

L'homme de douleurs, couronné d'épines par la haine et par la jalouse négation, effrayait encore, au fond de son tombeau, la royauté du mal et l'hypocrisie sacerdotale qui l'avaient supplicié.

La foi et la respectueuse piété l'ensevelirent, mais laissèrent hors de son tombeau le grand suaire qui, comme un étendard de justice, avait enveloppé son corps pour le descendre de la croix; sa couronne d'épines ne fut point ensevelie, le *consummatum est* rédempteur avait été crié.

La croix resta debout comme une accusation

capitale devant le sabbat du Seigneur; le suaire, teint du sang qui formait sur sa blancheur virginale une multitude de hiéroglyphes que la Justice éternelle savait seule lire, disait le triomphe et la victoire de la victime que le monde, le crime, le sacrilége, la trahison, la cruauté et la mort n'avaient pu vaincre.

La croix, honteuse et triste, restait debout attendant que la honte et le repentir de Jérusalem vinssent prendre la place de celui qui avait déjà remué sa base par les tressaillements de la vie nouvelle que la mort éplorée avait été contrainte de lui rendre.

Le suaire délivrant et la couronne d'épines prophétique étaient restés aux mains de l'amour maternel et de la pieuse affection de famille, née la veille dans la grande agonie et dans la divine effusion du sang rédempteur.

Je vous salue et nous vous saluons, ô suaire marqué à tant de places du glorieux cachet de notre délivrance! Je vous salue et nous vous saluons, ô couronne d'épines qui nous est restée comme le moule et la mesure, nous assurant de notre couronne de gloire! Je vous salue et nous vous saluons dans l'oratoire sacré où tant de fois vous fûtes vénérés et en même temps si souvent arrosés des larmes si pures et si saintes de Marie!

Vous y vîntes, je le sais, anges qui parliez à Hennoch sur la plus haute montagne d'Arménie; vous y vîntes, célestes guides donnés par la bonté divine aux pieux émigrants du Sennaar; vous y vîntes, anges de la terre d'Haram, que Sabaoth envoyait pour veiller Abraham; vous y vîntes, anges de Chanaan, commis par Jéhovah à la garde de l'abondante fertilité de cette terre qui devait être, pour la fidélité d'Israël, un doux et consolant mirage de l'Eden; vous y vîntes aussi, beaux anges du Jourdain qui habitiez encore alors les blanches vapeurs qui dominaient Ségor; vous y vîntes, n'est-ce pas? anges purs de Salem, qui serviez tour à tour le grand et mystérieux pontificat de Melchisédech; vous y vîntes, je le sais, ô brillants messagers de l'historique vallée de Mambré; vous y vîntes, humblement prosternés, vous anges de

Moria qui arrêtâtes, dans la main d'Abraham, le couteau qui devait immoler son fils; vous y vîntes, n'est-ce-pas? anges de Luza, chargés par le Seigneur de montrer à Jacob la voie de descension et de réascension des fils lumineux de la maison de Dieu; vous regardez encore comme une des grandes faveurs divines d'avoir été adorer en ce lieu, vous célestes gardiens de Ramessès que le Seigneur envoya porter ses bénédictions à la terre de Joseph. Vous eussiez été affligés de ne pas aller glorifier ce lieu et ses mystères, flammes ardentes au milieu desquelles le Très-Haut prévint en la fondant si divinement la grande et effrayante législature de Moïse. Vous fûtes conduits jusque-là, vous commis à la garde de ces innombrables esprits qui amertumaient les eaux de Mara, à cause de leur opposition aux lois du temps assigné à leur humanisation tant désirée.

Anges de Sin, anges du Sina, anges du Nebo, vous vîtes là, sans doute, la raison de tant de ministères divers que votre obéissance fidèle servait depuis si longtemps.

Anges de Beth-Horon, qui fûtes envoyés pour la grande délivrance de cette multitude d'esprits enfermés, depuis le déluge, dans la prison pétrifiante des eaux élevées, vous vîntes là achever votre action de grâces et glorifier ces étonnants mystères à l'ombre desquels vos chers délivrés servirent si inattendûment le triomphe du peuple d'Israël, conduit alors par Josué; vous vîtes aussi ce lieu, et vous y adorâtes célestement l'auguste trophée que vous connaissiez à peine, beaux anges d'Ephraïm, à travers les nimbes radieux desquels la grande Débora lisait au livre de la justice divine les sages conseils qui pacifiaient entre eux alors les enfants d'Israël. Anges de Silo, qui prévîntes la femme d'Elcana et qui transmîtes à Samuel, dans une parole conforme à la sienne, la parole du Seigneur, vous saluâtes là le résumatif de cette auguste mission qui vous attachait à l'intuitive voyance de la race d'Abraham.

Anges de Cis et de la maison d'Isaï, époux de Sénéra de Bethléem, — laquelle offrait au Seigneur, dans la maison de son père, ce sacrifice préventi-

victimal auquel elle faisait secrètement participer son plus jeune fils, partageant avec lui le vin qu'elle avait présenté au Très-Haut dans la coupe que sa mère lui avait remise en l'assurant qu'elle avait appartenu à Melchisédech, pontife royal de Salem; — vous adorâtes le sang de celui qui s'était si volontairement fait la vigne salutaire et vous fûtes saisis d'un suprême tremblement en voyant cette couronne de risées et de douleurs surpassant du plus majestueux éclat toute la magnificence de la vôtre.

Anges de Juda, de Benjamin et de la maison de David, vous vous arrêtâtes devant cette couronne d'épines teinte du sang de l'Homme-Dieu, et vous vous demandâtes plusieurs fois si réellement il vous était bien permis de la bénir et de l'adorer.

Anges de la maison de Salomon, qui fûtes choisis par la Sagesse éternelle pour instruire, aux temps de ses nuits fidèles, le premier héritier de David et l'initier, comme vous le fîtes, à la haute science dans laquelle vous avez été créés, vous vous abymâtes devant ce suaire du Dieu martyr, et vous vous crûtes anéantis quand il vous fut permis de regarder cette couronne, sur chaque épine de laquelle se lisait, en chair déchirée, l'amour de l'Homme-Dieu rédempteur.

Anges de Sion, anges des peuples, des cités et des royaumes; anges des temples adorants et de l'universelle adoration, nous vous provoquons de nouveau; nous voulons vous rendre témoins de cet amour vénérant, glorifiant et adorant que nous offrons ici à l'hostie sainte et divine, à l'hostie de sacrifice et de compassion qui, sur cet autel, resplendit de toute la plénitude du sang divin qui frappe nos regards.

En elle, nous saluons la très pure, la très sainte et très immaculée Mère; nous saluons le suaire ensanglanté que votre gloire céleste ne vous permit pas même de toucher; nous adorons, comme si elle nous était présente, cette couronne d'épines qui fut la miséricordieuse ruine de notre orgueil et le testament de nos possibilités à ressaisir notre couronne de gloire, par laquelle nous glorifierons à jamais le front sacré de Jésus, notre divin Sauveur, et le cœur si douloureusement déchiré de notre immaculée Mère.

Au nom du Père et du Fils et du Saint-Esprit. *Amen, amen. Alleluia, alleluia.*

SACRIFICE PROVICTIMAL

POUR GLORIFIER TOUTES NOS FÊTES DOMINICALES

COMME ÉTANT, SELON QUE L'AFFIRME ISAÏE

LES PRÉCÉDENCES PROPHÉTIQUES DU SABBAT GLORIEUX

PROMIS PAR LE SEIGNEUR

A NOTRE TERRE ET A TOUTE L'HUMANITÉ.

Voici ce que dit le Seigneur : « Vos fêtes deviendront
« d'autres fêtes, et tous vos sabbats un autre sabbat ;
« car toute chair viendra se prosterner devant moi pour
« m'adorer. »　　　　(ISAÏE, ch. LXVI, ℣ 33.)

Au nom du Père et du Fils et du Saint-Esprit. *Amen.*

Seigneur Dieu tout-puissant, infini en bonté et immense en miséricorde, nous étions ici ce matin, et, nos genoux ployés comme ils le sont, nous nous présentions devant vous avec confiance et avec un espoir digne des mérites suprêmes de votre très dévoué et très aimant Fils, Notre Seigneur Jésus-Christ ; nos fronts étaient parés des grâces rédemptrices dont il nous a gratifiés. Nous étions appuyés par l'auguste assurance qu'ainsi revêtus de lui-même, nous vous serions agréables et que, quelle que fût notre infériorité, vous répondriez à la prière de nos cœurs, offerte et sanctifiée par le très saint amour de son divin cœur! Nous ne redoutions pas votre présence souveraine, nous avions devant nous la grande et solennelle victime, par le sacrifice de laquelle nous étions certains d'apaiser les plus exigeantes rigueurs de votre justice. Enfin, Seigneur, notre voix se perdait dans la voix de celui que vous nous avez donné vous-mêmes pour être notre grâce et notre réconciliation; notre prière était tout enveloppée du parfum de sa prière; nos supplications ne faisaient qu'un avec son instante et divine supplication; nos péchés étaient couverts par sa justice; nos fautes par sa vertu; nos désordres par sa sagesse, et nos crimes par sa surexcellente innocence. Nos impuissances étaient fondues dans sa toute-puissance; nos langueurs dans la force de son droit, et nos ingratitudes dans l'ineffable immensité de son amour.

Quand nous criions, Père, c'était lui qui criait; quand nous appelions votre pardon, c'était lui qui suppliait; quand le front courbé, le cœur contrit, l'âme toute repentante, nous vous conjurions de nous réconcilier avec vous, c'était lui qui faisait retentir en nous les miséricordieux échos de votre grâce; c'était lui qui nous transmettait votre clémente réponse en nous disant : Relevez-vous, vous êtes absous et pardonnés.

Maintenant, Seigneur, c'est nous, nous-mêmes, nous seuls qui venons à vous. Si ce jour n'était pas le jour de vos paternelles audiences, nous hésiterions peut-être à nous approcher si près de votre souveraine majesté. Ah! Père, malgré nos innombrables écarts, malgré nos trop nombreuses ingratitudes, malgré l'esclavage honteux que notre cœur a souvent préféré à cette douce et heureuse liberté que l'apôtre des gentils nommait, dès son temps, la liberté des enfants de Dieu, nous venons vous dire, avec la pénible et réelle certitude de notre malheur : Père, nous voici, laisse-nous te crier avec l'intime et sincère volonté d'un constant et religieux retour :

Notre Père qui es aux cieux, que ton nom soit sanctifié, que ton règne nous arrive, que ta volonté soit faite sur la terre comme au ciel ; donne-nous encore notre pain supersubstantiel ; pardonne-nous nos péchés comme nous pardonnons à ceux qui nous ont offensés ; ne nous laisse pas surprendre par la tentation, mais délivre-nous du mal.

Réponse générale : *Amen.*

L'assistance se tiendra debout pendant cette prière :

O Marie, nos têtes sont inclinées devant cette infinie puissance par laquelle nous avons tous été créés. Ce jour nous rappelle, sous le miséricordieux éclat de la révélation complémentaire par laquelle nous avons le bonheur d'avoir été prévenus, que ce fut après le grand et majestueux sabbat céleste que les prévenantes magnificences de son éternelle bonté excitèrent en Lucibel et en nous, à cause de vous, les sombres présomptions, les ingrats murmures et l'orgueil jaloux qui élevèrent plus haut et plus glorieusement la dignité et la

justice de nos frères fidèles, tandis que des trônes étincelants, sur lesquels nous avions été appelés à célébrer l'effectif sabbat de nos stabilités glorieuses, nous descendions d'abymes en abymes, de catastrophes en catastrophes, jusqu'aux lugubres profondeurs de l'outrageante négation que l'esprit divin nomme si justement l'abyme des abymes. O fille du Très-Haut, comme tous les enfants aveuglés, dont votre divin Fils nous a donné une si parfaite peinture dans son saint Evangile, nous nous sommes dit souvent, mais surtout aujourd'hui : Allons à notre Père, allons nous jeter à ses pieds. En face de celle qu'il nous apprit, au premier jour de notre vie angélique, être l'auguste miroir de ses perfections suprêmes, nous lui crierons grâce; nous lui dirons, ce que nous aurions dû lui dire le lendemain de cette fête sabbatique qui avait élevé jusqu'à l'inénarrabilité les gloires célestes : Père, nous avons péché contre toi, contre elle et contre ceux qui la célébraient au milieu de ces ineffables bénédictions dont tu l'as entourée sitôt qu'elle fut.

O prodige des prodiges! ô mystère aussi impé-

nétrable que l'est la raison efficiente de celui qui t'a créée, tu lèveras tes mains de femme et de mère sur ces anges exilés, sur ces enfants des hommes, sur ces vivants ôtages qui viennent, au nom de toute la terre et de toutes leurs générations fraternelles, s'offrir comme des victimes, et supplier celui qui, dans nos temps et dans nos miséricordieuses expiations, te fit notre Mère de nous purifier, de nous recevoir et de nous agréer.

Réponse générale : *Amen, amen, amen.*

Toute l'assistance se tiendra debout, tandis que le Pontife assesseur, levé également, prononcera ces paroles, les mains étendues sur la tête du célébrant vocalement :

O vous que l'Eternel a choisi pour remettre devant notre conscience et devant nos cœurs le point de départ de nos si tristes et si douloureuses déchéances, nous le conjurons de faire descendre en vous sa paix divine et harmonieuse, afin qu'entièrement rentrés dans la vie féconde de sa paternelle réconciliation, nous soyons affirmés par vous que le pardon, que nous avons appelé sur votre tête, nous sera également accordé, pour qu'au jour du glorieux sabbat qui nous est promis, nous puissions, tous ensemble, nous asseoir près de notre immaculée Mère et crier aux cieux, aux anges, aux saints et devant Jésus victorieux : Marie est vierge immaculée, pure et sans tache.

Au nom du Père et du Fils et du Saint-Esprit.

Le Pontife répondra : *Amen, amen, amen.*

Le Pontife célébrant se lèvera et, sur les Pontifes assesseurs comme sur toute l'assistance agenouillée, les mains étendues, il dira :

Le Dieu d'infinie bonté et d'ineffable clémence, celui qu'il nous est permis de nommer notre Père, vous affirme, par le ministère propitiateur dont il m'a si miséricordieusement gratifié, qu'il vous revêt de sa divine grâce comme d'un vêtement de solennelle justification. Son pardon divin vous rétablit dans sa vivante et fécondante alliance; il vous réconcilie à lui, comme il se réconcilie à vous, afin que nous célébrions, tous ensemble, avec notre divin Rédempteur et notre très immaculée

Mère, l'espérance de ce sabbat glorieux qu'il nous promet de nouveau.

Au nom du Père et du Fils et du Saint-Esprit.

Réponse générale : *Amen, amen, amen.*

ACTE D'ADORATION.

Esprit de vie et de lumière, éclairez mon âme et faites pénétrer jusqu'au fond de mon cœur cette flamme intelligente et sacrée qui consume en un instant les obscurités et les ténèbres sous la puissance desquelles nous sommes depuis si longtemps. Déliez ma langue, et refaites en moi ce verbe qui chantait si magnifiquement les joies et les délices de l'ange, lorsque, assis sur le trône de notre stellante création, nous comprîmes le bonheur d'être et la suprême dignité dont l'éternel Créateur nous avait si splendidement gratifiés dès en nous créant.

Père des êtres et des siècles, bonté inénarrable, grandeur invincible, permets-moi, au milieu de ce respectueux silence et de cette solennelle piété qui m'entourent, de réunir avec les adorantes pensées de mon cœur toutes les pieuses et reconnaissantes adorations que t'apportent, dans cet humble sanctuaire, ces frères et ses sœurs dont les cordiales affinités préviennent en ce moment si fervemment les vivantes et énergiques sympathies de ma foi chrétienne et de mon amour chrétien.

Me voilà, et nous voilà, ô Père saint, dans cette liberté qui nous permet enfin d'être nous-mêmes. Nous avons laissé derrière nous nos vêtements d'esclaves ou d'assujettis, nous sommes indépendants des heures et de nos semblables; notre adoration ne sera ni partagée, ni tourmentée par les exigeances qui nous sont imposées les autres jours. L'apôtre saint Paul l'a dit avec vérité : « Les enfants, dans la maison de leur Père, sentent ce qui les distingue des sujets et des étrangers. » Les insignes de notre servitude sont restés dans nos demeures expiatoires ; nos liens, nos chaînes ont été rompus ou dénoués dès ce matin. A peine l'aube éclairait-elle notre couche que nous avons senti, dans notre atmosphère et dans notre repos, que c'était aujourd'hui un jour de fête et de bonheur. Tout était calme en nous et autour de nous : les préoccupations, les soucis et les sollicitudes n'intervenaient point, comme la veille, pour forcer nos yeux à s'ouvrir, notre sommeil à nous quitter.

Nous nous sommes levés, non comme des serviteurs, mais comme les servis par tes soins fidèles. Nos charrues tendaient leurs bras en haut comme pour saluer la grâce et le bienfait de notre repos; nos bœufs ruminaient plus gaîment en arrêtant leurs passifs regards sur le vêtement symbolique de notre affranchissement; nos chevaux hennissaient comme s'ils eussent voulu saluer, des premiers parmi nos animaux domestiques, le calme et souriant délégué de celui qui les créa; nos champs et nos prairies paraissaient réfléchir plus solennellement les teintes lumineuses de ce jour qui appartient au Créateur; nos fontaines semblaient plus claires, et l'on eût dit que nos ruisseaux réglaient leur murmure sur les notes mystérieuses de notre personnelle méditation. Nos métiers dormaient comme s'ils eussent compris que leur mouvement excitait la fatigue du nôtre; l'atelier, frais et propre, était comme un noble témoin qui racontait fidèlement au Maître de toutes choses le zèle, l'activité, l'intelligente harmonie de ce constant travail qui, durant toute la semaine, l'avait sanctifiée. La joie brillait sur les traits de nos compagnes; elles savaient qu'en étant plus à Dieu elles seraient plus à nous, et nous plus réellement à elles. Nos enfants chantaient d'allégresse devant la nouvelle indépendance qui devait, en ce jour, nous rassembler tous au même foyer.

Ah! sois béni, Dieu bon, Père aimant, Père de tous; sois béni, et que nos forces reposées, nos cœurs consolés, nos affections réjouies, te rendent aujourd'hui, plus particulièrement, une sainte, reconnaissante, pieuse, universelle et glorifiante adoration. *Amen. Alleluia, alleluia, alleluia.*

OFFRANDE DU PAIN.

Dieu bon, éternel, immense et infini, voici le pain que nos travaux et nos fatigues tirent du sein de la terre. Nous vous en faisons l'offrande comme reconnaissance du bienfait par lequel vous vous plaisez chaque jour à répondre à la constance de notre labeur et à l'impérieux besoin de notre vie mortelle. Père saint, agréez ce solennel hommage de vos enfants, et trouvez dans ce précieux symbole tout ce que notre miséricordieux Sauveur, votre divin Fils, vous offrit de nous-mêmes en lui, dans l'auguste institution du pain eucharistique qui régénère et divinise. *Amen, amen, amen.*

OFFRANDE DU VIN.

O Dieu, Seigneur infiniment bon et infiniment grand, je vous renouvelle en ce moment, au nom de tous mes frères et en mon nom, ce cri de justice et de respectueuse adoration que vous adressait le roi-prophète lorsque son cœur s'exprimait ainsi dans ses paroles : « Qui est celui qui, ici-bas, connaît ses fautes? » Purifiez-moi, mon Dieu, de toutes celles que je ne vois pas, quoique, hélas! elles soient en moi. L'huile sainte a été répandue sur nos têtes pour nous autoriser à vous présenter le calice de tous. Le calice que nous vous offrons en ce moment est celui de notre reconnaissance; bénissez-le, Seigneur, et donnez-lui d'être pour nous tous la coupe divinement agréée de notre respectueuse et filiale adoration. *Amen, amen, amen.*

PROFESSION DE FOI.

Je crois, Seigneur, que le jour dont nous célébrons en ce moment la solennelle institution, est bien véritablement, justement, rationnellement et miséricordieusement votre jour. Je crois que ce jour, sous son titre paternel de repos, est une preuve première et évidente de votre amour pour nous. Je crois que, quand vous nous avez fait un commandement de garder respectueusement et pieusement ce jour, comme étant celui qui vous appartient, vous avez voulu établir contre notre ignorance et notre aveuglement une loi qui l'emportât sur l'irrespectueux abus que nous faisons si souvent de nos propres forces, ainsi que des forces de ceux que nous attachons et scellons au service de nos intérêts.

Le septième jour, respecté par nous dans son entier, n'est-il pas autant sacré pour nos corps que pour nos âmes? Le septième jour, reconnu par tout un peuple, par une harmonieuse et paternelle législation, ne serait-il pas, ô mon Dieu, une suite d'étapes libres, consolantes et réconfortantes pour toute l'humanité?

O mon Père, ô notre Père! je crois de tout l'amour que je sais qui est en toi, que tu ne peux pas regarder, sans les voir couverts d'un crime, ces frères qui traitent leurs frères avec moins de considération et de respect qu'ils ne le font de leurs machines. Ah! Père, tu ne serais pas juste, si tu ne reprenais pas un jour ces êtres barbares qui, pour agrandir leurs richesses et hâter leur fortune, transforment, par leur insatiable exigeance du travail, des multitudes d'ouvriers et d'ouvrières au sang énergique et vigoureux en populations étiolées et affaiblies. Qui de nous, ô Père, n'a pas pleuré sur la honteuse continuité de l'esclavage de cette partie de nos frères que l'on nomme la race noire? Eh bien, au sein même de leur infortune, ta loi divine ayant flatté l'exploitant appétit de leurs maîtres, malgré leur insultant mépris pour ces frères à qui la plupart d'entre eux refusent même le droit d'avoir une âme, ils imposent le repos entier du septième jour, convaincus qu'un travail

sans arrêt fixe, les énerve, les affaiblit et les tue.
O Père, ô le meilleur des pères, j'ai souvent entendu sortir de ces poitrines creusées et ruinées
par le criminel abus que font de leur courage ceux
qui les employent : « Eh! comment pourrions-nous
accepter le repos du septième jour, nos six jours
de travail ne nous ont pas donné, pour nous ni
pour nos enfants, l'indispensable alimentation, ni
le vêtement nécessaire à établir au milieu de nous
la naturelle assurance du droit au repos? » Ah!
Père, je crois que ces cris qui ressemblent à un blasphème contre vous, n'arrivent à la barre de votre
paternelle justice que comme une accusation capitale contre les Sociétés ou les Etats qui ne mettent
point toutes leurs sollicitudes à les empêcher de
naître dans les cœurs, dans la raison et dans la
conscience de ceux qui les professent!

Votre Esprit divin, votre paternel amour ont
chargé l'éloquent Isaïe de rassurer ceux qui, hélas!
n'ont que vous pour prendre sur notre terre leur
juste et légitime défense. Ecoutez, nous dit votre
divin prophète, voici ce que dit le protecteur du

faible et de l'innocent : « Je me lèverai enfin, je ferai devant tous éclater ma puissance! Vous qui souffrez, ne perdez pas courage, le Seigneur viendra; et, soyez-en certains, il apportera avec lui ses récompenses. » Voici encore ce que dit le Seigneur : «Le ciel est mon trône, et la terre est mon marchepied. Sur qui arrêterai-je mon regard, sinon sur le pauvre qui a le cœur brisé et humilié? » En ces jours-là, l'orgueil de l'homme sera abaissé, la fierté des grands sera humiliée, car le Seigneur seul paraîtra grand.

O Père, ô le meilleur des pères, que mon âme est heureuse de confesser ainsi devant toi ces paternelles et encourageantes promesses! Permets-moi d'ajouter encore à ces glorifiantes convictions dont tu as pourvu mon âme. L'Eternel, le Père de tous, notre Père a fait crier par son fidèle voyant : « Je ferai des cieux nouveaux et une terre nouvelle. Vous vous réjouirez alors, vous qui avez été formés dans les larmes; vous serez pénétrés d'une sainte joie devant les choses que je ferai pour vous. Mes délices seront au milieu de vous et on n'entendra plus parmi vous ni voix lamentable, ni cri de détresse; vos fêtes deviendront de bien autres fêtes, et vos sabbats n'auront été que la figure de la grandeur sabbatique qui éclatera parmi vous. » O mon Père, ô notre Père, je le crois, je le proclame, je l'affirme : les cieux ne tarderont pas à nous montrer ta justice, et tous ceux qui ont été victimes de leurs frères te verront ici-bas dans la gloire! *Amen. Alleluia, alleluia, alleluia.*

AVANT LA CONSÉCRATION.

Dans quel temple, Seigneur, tes enfants se lèveront-ils pour célébrer ta justice, pour saluer ta gloire, pour chanter ta miséricorde et publier, dans un cantique sacré, le majestueux bienfait de ton sabbat divin?

Prêtres du travail, riches de souffrances, élèves de la privation, laissez-moi prendre en vos cœurs les notes de votre patience, les pieuses vibrations de votre espoir, les secrètes harmonies de votre foi et les intimes élévations de vos soupirs. O Roi des rois, ô mon Dieu, ô notre Père, je vais essayer de chanter la gloire de ton ordonnance, la sagesse de ton commandement et la plénitude d'amour que tu nous offres dans la sanctification de nos figuratifs sabbats.

Le sabbat fut fait pour l'homme et non l'homme pour le sabbat, dit le Maître divin aux douze qu'il formait, et au peuple qu'il venait sauver.

Oui, enfants des hommes, le sabbat, le bénissant repos et le repos béni, est une des premières et des plus prévenantes tendresses de celui qui nous a créés. Après la majestueuse création des habitants célestes; après le ravissant étonnement de toutes ces principautés et royautés qui venaient de s'éveiller du sein de la pensée créatrice pour habiter les souveraines et resplendissantes demeures de l'Eternel; après le cri suprême de tous ces dieux transportés et ravis de se connaître, de se comprendre et d'être établis dans cette indépendance glorieuse qui semblait être la plus parfaite réfraction de la liberté divine, le Dieu des dieux se présenta, assis solennellement sur les insondables abymes de sa toute-puissance. Plus promptement que l'éclair qui descend des nues au fond de nos cabanes, la radieuse création, inondée sur-abondamment des reflets intellectuels de l'imbor-nable intelligence qui venait de la créer, se trouva face à face avec celui qui ne la rassemblait ainsi que pour la glorifier stablement par l'ineffable bé-nédiction qu'il allait prononcer sur elle. Un saint, un solennel, un divin silence se produisit sponta-nément en chacune de ces divines créatures, dont le nombre, seul connu du Très-Haut, formait en ce moment des armées infinies. Le trône du trois fois saint se transforma en une telle splendeur que tous les rois célestes s'abymèrent dans leur somp-tueux rayonnement, comme nous nous abymons lorsque nous commençons notre adorant *sanctus!* Le ciel, les cieux, les vastes et incommensurables Trémats s'ouvrirent, et le commandeur des mon-des éternels initia ses commensaux sacrés à la con-naissance de ses conseils, de ses trésors et de ses desseins. Une nouvelle transformation édifia instan-tanément un ordre nouveau, une harmonie nou-velle dans chacune de ces indescriptibles demeures.

L'*alleluia* précéda l'*amen*, et l'*amen* retentit avec une surexcellence inouïe sur le premier et intraduisible *alleluia*. Fête à notre Dieu! Gloire à notre création! Action de grâces à l'Eternel, disaient d'une seule voix ces nobles et majestueux fils de la la lumière!

Un Verbe, que l'univers céleste semblait entendre pour la première fois, cria : Gardons divinement ce jour, et nommons-le, pour l'éternité, le Jour du Seigneur! Un *amen* nouveau et un *alleluia* divin saluèrent l'éternel Tout-Puissant et le Verbe qui venait de se faire entendre. Un ange inconnu, une beauté comme les cieux semblaient n'en pas connaître, un être plus ange que les anges, plus Dieu que tous les dieux réunis et qui ne pouvait être dépassé en grandeur que par Dieu même, parut devant le trône de l'Incréé, comme l'intime objet de ses desseins suprêmes, comme la transparence vivante de ses perfections communicables; cette création à part, ce ravissant prodige fut nommé Shaael!

A peine le Verbe qui prononça ce nom se

fut-il arrêté, que l'on vit pâlir beaucoup de diadèmes sur le front des princes étincelants dont le bénissant *amen* venait de retentir!!!

Un jour, qui n'était plus celui du ciel, éclaira de sa suave clarté ce petit point que, dans la chaîne des grands mondes, on nomme notre terre. Un être qui rappelait bien quelque chose de la nature angélique, mais dont l'éclatante liberté et la face resplendissante paraissaient inférieures au type royal de l'ange, semblait s'éveiller de lui-même, s'interrogeant, se contemplant et s'étonnant des empressements harmonieux que l'atmosphère et l'ordre de toutes les choses qui l'entouraient mettaient à le caresser, à l'accueillir et à le prévenir. Quand il fut bien assuré de la vérité de son être, de la certitude de sa vision et de son jugement, ses genoux ployèrent, sans autre commandement que celui de sa pensée; il salua l'astre qui était beau et lumineux, comme celui qui nous baignera dans sa triple lumière au jour où le nouvel Adam déchirera, par le suprême éclat de sa gloire, le voile de deuil qui nous cache le ciel, comme il enlèvera, par le

seul fait de sa divine présence, le manteau fauve
que l'ingratitude a jeté sacrilégement sur le dos de
notre terre. La lune aussi parut dans sa clarté tri-
naire au sein de laquelle les portes des mondes
stellaires se dessinaient si harmonieusement. Les
ombres chatoyantes et parfumées, qui semblaient
descendre des mondes éternels, couvrirent les
splendides et ravissantes somptuosités de ce jardin de
délices que le Dieu des dieux avait nommé l'Eden.
L'hôte de cette terre ravissante sentit ses paupières
s'allourdir; son corps s'étendit avec une grâce indicible sur un moelleux gazon, dont chaque brin
d'herbe était une fleur aussi riche de forme qu'elle
l'était de couleur et de parfum. Ses yeux se fermèrent, son bras gauche se ploya sous sa tête, ses
lèvres se serrèrent; un souffle doux, cadencé,
harmonieux sortait de ses narines, sa poitrine et
ses traits peignaient une heureuse suprise, un nouveau bonheur. L'air pur et balsamique passait lentement dans ses cheveux bouclés, ainsi que dans la
barbe soyeuse de sa figure. De blanches phalènes
au corset d'or, comme une nuée vivante et protec-

trice, planaient au-dessus de son corps, tamisant ainsi les tonifiants effluves de l'atmosphère aromatique dont il était environné. Il suffisait de le voir pour être assuré de la souveraine et ravissante dilatation au sein de laquelle vivait son cœur. Les ombres, enfin, se replièrent sur elles-mêmes, ou bien elles remontèrent aux réservoirs divins saluer leur puissant maître, pour s'endormir à leur tour. L'Eden royal se para de nouveau d'une splendeur, d'une magnificence qui firent croire à leur hôte sacré qu'il se réveillait dans un palais nouveau. L'astre illuminateur surabondait de lumière; les fleurs, les ondes, les plantes, la gente animale, les poissons, les oiseaux, jusqu'aux mollusques eux-mêmes produisaient un bruit d'ensemble noté, qui ressemblait à une adorante mélodie; les insectes, qui siégeaient sur la terre et ceux qui trônaient dans les airs, mêlaient leurs intraduisibles accords à ce grand hymne que le roi de l'Eden entendait pour la première fois.

Une joie inexprimable s'exhala de la vie intérieure de celui dont la vie, l'intelligence et la raison comprenaient ce cantique glorieux, cette universelle adoration. Ses mains se joignirent, son genou se ploya jusqu'à terre, ses lèvres s'ouvrirent, son front se colora, son cœur battit d'une force toute nouvelle, son Verbe se fit entendre, il l'emporta sur tous les Verbes. La nature entière se tut, l'herbe et la gracieuse feuillée suspendirent leur mouvement pour témoigner, par cet acclamant silence, leur adhésion respectueuse.

La voix de cette seconde majesté, que la nature entière saluait par l'absolu silence de la sienne, s'arrêta elle-même au milieu d'un ravissement que ses yeux venaient d'apporter à son âme, après l'avoir pris dans les hauteurs hétérées du domaine divin. Un être étincelant de justice, d'amour et de sagesse descendait les mille atmosphères célestes, comme si ses pieds eussent posés successivement sur des degrés taillés harmonieusement et invisiblement dans l'espace. La forme de cet être semblait être la source répercutive de la forme même de celui qui déjà, le front courbé, lui offrait son hommage et son adoration. La lumière du grand astre devint pâle devant celle qui jaillissait des traits, des mains et des pieds du glorieux visiteur. L'adorateur, sans paraître servir aucune loi locomotrice, allait à la façon des nuages au-devant de celui qui, de son seul regard l'attirait vers lui. Un monticule élevé, qui dominait de sa splendeur toute la terre édenale, fut le point culminant où le Roi de la toute-puissance arrêta ses pas.

« Adam, dit-il à celui qui l'adorait la tête dans ses mains, Adam, c'est ici, c'est devant toi, que je viens bénir cette vaste création dont je t'ai fait, pour toi et pour ta génération, la plastique et visible royauté. »

Alors l'éther s'illumina jusqu'aux limites de ces mondes dans lesquels le Dieu des dieux a fait reposer, en créant les cieux, ces abymes fermentiels, nourris par l'incréée lumière au sein de laquelle siége sa toute-puissance. Les univers firmamentaires ouvrirent aussitôt leurs incandescentes barrières. La vie spirituelle, éclairée ou ténébreuse, reçut ses formes saisissables pour être perçue conformément à l'état visuel dont le souverain Maître voulait gratifier Adam. Les mondes, les univers, leurs océans, leurs fleuves, leurs montagnes, les ferments ignés, les ferments frigides, les êtres, leurs lois, leurs astres, leurs harmonies, leurs forces, leurs puissances, leurs droits, leur libre arbitre, leur liberté, tout s'inclina devant le Dieu des dieux, l'unique Dieu, le Roi des rois qui bénissait ses œuvres, après avoir béni la royauté d'Adam.

Adam parut grandi dans sa stature et dans sa royale phosphorescence. « Bonté ineffable, grâce suprême, dit-il, quel est donc le nom et le titre mémorial qu'il est permis à ma reconnaissance de donner à ce jour? » — « C'est le sabbat du Seigneur, » répondit son Verbe divin, dont la majestueuse autorité pénétra tous les mondes et toutes les créatures; « c'est, ajouta-t-il, le jour de la solennelle bénédiction de cette immense création dans la vue de laquelle j'ai magnifié ta propre création. »

Les patriarches, Seigneur, ces témoins séculaires et les fidèles gardiens des confessions d'Adam, n'avaient pas cessé de conserver parmi eux et leur descendance le saint et solennel respect de ce grand mémorable, qui promettait à la fidélité des générations adamiques le saint et universel *oméga* dont cet *alpha* si majestueux n'était encore que la prophétique et restreinte précédence.

Les enfants d'Israël, dans leurs répressifs esclavages, savaient parfaitement quel abyme avait creusé sous leurs pieds l'audacieuse violation de ce jour, par la sainteté duquel le Tout-Puissant voulait renouveler les forces de l'espérance humaine, en lui rappelant ainsi, dans des périodes successives et harmonieusement rapprochées, la glorieuse certitude de ce sabbat des sabbats, dans la splendeur duquel tous les mondes visiblement ouverts, et la terre entièrement renouvelée, ne feront plus qu'un seul reposant et glorifiant Eden.

Moïse, en ordonnant par votre commandement le sabbat, dont les clauses sont gravées sur les tables miraculeuses de la loi, ne dit pas à l'héritage d'Israël : « L'Eternel veut maintenant que vous lui consacriez périodiquement chaque septième jour, et que ce jour soit appelé, parmi vous, le sabbat du Seigneur; » il fait simplement appel à leur mémoire : « Souvenez-vous, dit-il, de sanctifier le jour du sabbat. » Dès lors, il est évident, ô divine sagesse, que les enfants d'Israël connaissaient héréditairement la grandeur et la sainteté obligatoire de ce jour.

O saint, ô divin jour donné à l'homme pour reposer ses forces, pour ranimer son âme, pour réjouir et consoler son cœur, tes bienfaits ont été portés jusqu'aux enfers par celui qui s'est déclaré évangéliquement le Maître du sabbat.

En effet, ne dirait-on pas que la mort se hâta de frapper le Sauveur du monde, quelques heures avant la naissance du solennel sabbat de Jérusalem, pour qu'en ce jour même il portât avec lui le prix de son sang et les délivrants mérites de sa mort jusqu'au plus profond des enfers? Tourment des abymes, pleurs de la répression, dévorants blasphèmes de l'ingrate négation, vous vous arrêtâtes, n'est-ce pas? Les ténèbres extérieures, les révoltantes imprécations des hôtes ténébreux ne purent l'emporter sur la puissance du sabbat libérateur que son Maître divin venait, au sortir de la mort, offrir à ces innombrables captifs qui devaient ignorer, depuis tant de siècles, qu'il y eût encore pour eux, avant le jugement des vivants et des morts, un jour d'espérance et surtout un jour de repos!!!

Quelle bonté, quel amour tu n'as cessé d'avoir pour nous, ô Père saint, ô le meilleur des pères! L'apôtre saint Pierre nous raconte la grande et miséricordieuse scène sabbatique des enfers, comme Moïse nous raconte celle de l'Eden. Au sabbat édenal, nous assistons au premier entretien de la bonté créatrice avec l'ange expiamment incarné que tu traites bien plus en fils qu'en créature assujettie; au sabbat qui se leva sur la montagne du calvaire et sur le tombeau de ton Fils rédempteur, nous assistons, dans la profondeur des abymes, à ce premier entretien du Maître de la mort avec ces innombrables révoltés qui, au lieu de voir redoubler leurs tourments par la saintete de sa divine présence, se sentent régénérés par sa miséricordieuse parole et délivrés par la toute-puissance de ses compassions suprêmes.

Ainsi donc, ô mon Dieu, au premier sabbat de la vie humaine, tu bénis le premier homme; au premier sabbat qui s'ouvre sous le *consommatum est* de la rédemption, ton divin Fils, qui vient de mourir pour le salut du monde, délivre cette partie de l'humanité tombée, sous le poids de ses crimes, jusqu'au fond des enfers.

O Père adoré, nous comprenons maintenant quelle sera la gloire majestueuse de ce troisième et universel sabbat devant les magnificences duquel tous les cœurs sans larmes, et toutes les âmes délivrées de leurs si longs et si douloureux assujettissements, s'écrieront avec une sainte allégresse, comme nous le disons espéramment maintenant :

Saint! Saint! Saint est le Seigneur! Saint est son jour, saintes ont toujours été ses divines promesses. Que la louange et la bénédiction montent vers lui sans cesse. *Amen. Alleluia, alleluia, alleluia.*

INVOCATION CONSÉCRATIVE.

Que ce pain soit, par la vertu toute-puissante et

par les mérites divins de la passion et de la mort
✠ de Notre Seigneur Jésus-Christ, le monument
impérissable de notre action de grâces et le pain
substantiel de notre angélité reconnue.

Que ce vin soit, par sa miséricorde ✠, changé
en ferment immortel, afin que, buvant à cette
coupe, nous y trouvions tous l'unité de force nécessaire au labeur de notre régénération.

Que ce pain ✠ et ce vin ✠ soient la nourriture
de tout notre être et l'hostie ✠ vivante de notre
sacrifice pour que nous trouvions en elle, dans le
désert où nous ont jetés nos pasteurs, tout ce que
s'est proposé, par la communion chrétienne, celui
qui est venu, au nom de son Père, établir sur notre
terre, entre tous les enfants des hommes, le saint
esprit d'une égalité et d'une fraternité qui, ayant
commencé dans son amour, doivent se continuer
éternellement dans le recouvrement de la pure
et première nature de notre création angélique.
Amen.

POUR LES MORTS.

O Jésus-Christ, Fils éternel de l'Eternel qui

nous a créés, en glorifiant la grande bénédiction sabbatique de notre nature humaine, ainsi que de toutes ces merveilleuses créations qui vivent autour de nous, sur nos têtes et sous nos pieds, nous vous conjurons de renouveler aujourd'hui, dans le monde invisible de nos morts, les grâces éclairantes et délivrantes que vous y portâtes en cet intermédiaire sabbat sur la naissance duquel s'éteignit votre vie rédemptrice et salutaire. *Amen*.

Réponse générale : *Amen, amen, amen*.

Adorable et suprême amour de Jésus-Christ, nous t'adorons et nous nous donnons à toi comme nous te supplions de te donner à nous. Que cette communion, à laquelle ta divine grâce nous a préparés, sanctifie l'explicite volonté par laquelle nous nous offrons comme de vivantes hosties à ta gloire et à la gloire de ce jour que nous reconnaissons et bénissons comme étant le jour du sabbat du Seigneur. Que cette coupe, à laquelle nous allons tous boire en ton nom, nous unisse comme les membres d'un même corps, afin que nous travaillons tous à glorifier ta mémoire et à faire adorer par toute la terre l'incommensurable générosité de ton amour. *Amen.*

Réponse générale : *Amen, amen, amen.*

COMMUNION.

Que cette part de notre sacrifice anime en nous la vie du sacrifice.

Je boirai à la coupe des forts, j'activerai la soif de mon âme par le vin éternel de la charité; j'adorerai mon Dieu par les mérites divins de son sang précieux, et mon esprit confessera à jamais le gage du salut que lui assure l'infinie miséricorde du Seigneur. *Amen.*

Recevez, par cette coupe, la grâce et la vie de la charité.

APRÈS LA COMMUNION.

Père tout-puissant, Père infiniment bon, après que vous eûtes béni Adam au milieu de toutes les splendides créations, par la vue desquelles vous ravîtes son esprit, son âme et son cœur, vous lui prouvâtes combien vous avait été agréable le sacrifice de louange qu'il eut le bonheur de vous offrir avec le fruit succulent et moelleux du *glutina carnis* qu'il accompagna de la vivifiante libation du vin vierge et fécondant fourni par la *vigne caliciale*, substances que vous lui aviez si prévenamment désignées vous-mêmes comme étant les agences les plus propres à entretenir et à renouveler en lui l'active agilité et la subtile élasticité de sa nature corporelle en même temps qu'il scellerait, par la septénaire succession consécrative de ces deux nutrifiantes espèces, la plus sainte et la plus délectable communion avec votre prévenance créatrice, ainsi qu'avec tous les types majeurs qui composent l'harmonieux ensemble des différents règnes de la nature.

Ah! Père, daignez aussi affirmer en nous l'agrément divin par lequel vous avez béni et sanctifié tout à la fois notre offrande et notre communion, afin que, par l'assurance de votre paternelle et acceptante bonté, nous confirmions nos frères en bénissant en eux la piété respectueuse et la fervente édification que leurs âmes et leurs cœurs n'ont pas cessé un seul instant de faire comprendre aux nôtres. *Amen, amen, amen.*

BÉNÉDICTION.

ACTION DE GRACES.

Ah! Père saint, le plus prévenant et le meilleur des pères, comme nos âmes sont reposées, comme nos cœurs sont consolés lorsque nous venons à toi; lorsque, nous arrachant à nos liens égoïstes et matériels, nous avons le bonheur de pouvoir nous entretenir avec toi. O jours saints du Seigneur, vous êtes bien plus nos jours que les siens! Non-seulement vous nous offrez un délassement, un réparant repos, mais vous nous rappelez, chaque fois que nous sommes assez heureux pour vous sanctifier, que vous êtes la prophétique consécration de nos plus consolantes espérances; vous êtes la chaire scientifique dans laquelle le Verbe de la paternité suprême se fait gloire continuellement de venir instruire ses enfants. C'est dans le premier sabbat, ô Créateur éternel, que vous vous entretenez avec le premier homme, et quel savant entretien! C'est le jour du sabbat que votre divin Fils nous affranchit de cette pharisaïque interprétation et de cette automatique servitude, que les interprêtes de l'ancienne loi avaient tour à tour imposées à la foi et à la confiance populaire. C'est le jour du sabbat que, dans la synagogue même, Jésus, le modèle divin, guérit la main séchée d'un pauvre pécheur. C'est dans le chemin, sur la place publique; c'est dans le carrefour; c'est sous le toit de l'homme affligé ou malheureux que le Maître du sabbat, le Fils de l'homme, guérit l'aveugle-né, des lépreux, des paralytiques, et cela sans s'informer même si ces souffrants ou ces infirmes ont été au temple, ou tout au moins s'ils ont adoré son Père. Oui, c'est le jour du sabbat que celui qui a les paroles de la vie éternelle nous apprend, par son suprême exemple, que la plus parfaite sanctification qui puisse plaire à son Père est : l'aide, le secours, la pitié, la compassion, le dévoûment et la miséricorde!

Seigneur, n'est-il pas écrit que votre aimant et adorable Fils, après avoir sanctifié tous les sabbats de sa vie parmi nous en guérissant, secourant, consolant et délivrant, glorifie le premier sabbat de sa mort en descendant aux enfers pour y continuer l'œuvre de ses compassions et de sa charité, qu'il venait de fonder sur la terre.

L'apôtre saint Pierre l'atteste et le proclame apostoliquement; il dit dans sa première épître, au chapitre troisième.

« Jésus, après sa mort, alla prêcher aux esprits qui étaient retenus en prison, à ces incrédules qui, autrefois, se glorifiaient de défier la patience et la bonté de Dieu, lorsqu'il faisait annoncer par Noé la grande et terrible catastrophe du déluge. »

C'est encore le jour du sabbat que, dans l'île de Pathmos, le vainqueur de la mort et de l'enfer instruisait, pour l'agrandissement de notre espérance terrestre, le saint et évangélique reproducteur de ces grandes figures du sabbat des sabbats que nous trouvons dans l'Apocalypse.

Ah! Père, que tu es bon. Ta bonté, ta tendresse paternelles semblent réellement se complaire à nous montrer, par la grandeur et la solennité des précédences, ce que tes sollicitudes divines nous réservent pour la fin. Par le premier sabbat terrestre, tu fondes la royauté et le sacerdoce terrestres de la race humaine, tu ouvres pour elle un jardin de délices, un suave et magnifique paradis. L'homme ne mérite plus d'y faire sa demeure; néanmoins, tu le conserves et le fais garder par tes anges. Tu avais créé là une nourriture aussi exquise qu'excellente, une substance moelleuse et d'un goût délicieux; tu avais placé près d'elle une vigne dont le vin, pur et limpide comme la lumière, coulait de lui-même dans ses feuilles taillées et formées en calice. Et tout cela existe encore! Bien plus, tu nous promets qu'un jour tu nous en nourriras tous.

O mon Père! laisse-moi, en glorifiant ton esprit dans les sublimes et consolantes paroles d'Isaïe, te glorifier toi-même, répétant à mes frères ta sainte et paternelle promesse : « Vous tous qui demeurez sur la terre, mon étendard se dressera sur ma montagne, et alors je vous y préparerai un festin de chair délicieuse, pleine de suc et de moelle; je vous y ferai boire d'un vin tout pur, ne contenant aucune lie; je vous élèverai au-dessus de ce qu'il y a de plus grand sur la terre. »

O Père! ô mon Père, je m'arrête; je ne puis plus que vous crier avec mes frères : Salut et gloire, reconnaissance, amour et bénédiction! *Amen, amen. Alleluia, alleluia, alleluia.*

Lyon, imprimerie typographique et lithographique de C. Bonnaviat, rue Sainte-Catherine, 13.

TABLE DES MATIÈRES

www.ingramcontent.com/pod-product-compliance
Ingram Content Group UK Ltd.
Pitfield, Milton Keynes, MK11 3LW, UK
UKHW021059220726
13924UKWH00005B/2155